DELIUS KLASING

SVENJA NEUMANN

ÆRØ DYNAMISCH

MEIN SEGELSOMMER
IN DER DÄNISCHEN SÜDSEE

DELIUS KLASING VERLAG

Für Marc,
den Geduldigen.
Ich liebe dich.
Fast immer.

Meine Tochter an der Pinne von TASS KAFF. Mit einer solchen Robinsonjolle fing es in den Achtzigern auch bei mir an. Mein Boot hieß FREITAG und wurde immer Mittwochs gesegelt.

1
EPA-KEKSE

FREITAG bahnt sich stur seinen Weg hinaus auf die Flensburger Förde. Die kurzen Windwellen schütteln uns in unserer kleinen braunen Robinson-Jolle mächtig durch, während wir uns vom Hafen frei kreuzen.

Alle Zufahrten zu der Anlage sind von Schlaglöchern übersät. Der schmale Waldweg zur Landseite ebenso wie die kabbelige Wasserfläche jenseits der Mole. Die blaue Förde liegt als Buckelpiste vor uns, hier und da dekoriert der anbrechende Herbst das Wasser mit blitzenden Schaumkronen. Gurgelnd, kichernd und platschend klettern einige der Wellenkämme zu uns in den Doppelopti, als wollten sie es sich dort bequem machen. Aber acht Kinderhände treiben die umherschwappenden Wasserlachen mit Ösfass und Schwamm in die Enge und befördern sie umgehend wieder nach draußen.

Wir schreiben das Jahr 1986. Zu viert hocken wir in einem nicht einmal fünf Meter langen Holzboot. Kinder an die Macht. Wir fühlen uns als Herrscher über die Wasserfläche und die Spielzeugwelt am fernen Ufer, wo unser Bootshaus unterhalb des Flottenkommandos Meierwik nun bunt im Sonnenlicht aufleuchtet. Wie ein kleiner gelber Bauklotz duckt es sich in den Schutz des grünen Uferhangs. Von achtern kündigt Inkas Stimme das nächste Manöver an. »Klar zur Wende!« Wir melden zurück: »Ist klar!« Mit einem beherzten »Re!« und einem Ruck an der Pinne schickt unsere Rudergängerin die Robinson-Jolle in die Kurve. Unsere Nussschale quittiert die Ansage mit einem erschrockenen Sprung auf den neuen Bug.

»Holt dicht! –
Holt diiiicht ...!«
»Ja, gleich!«
»Seht mal zu an den Schoten!«
»Jaahaa!« Die Kommandotafel haben wir neulich auswendig gelernt. Aber wie wir Manöver sinnvoll koordinieren, stand da nicht drauf. Auch Weltherrschaft will gelernt sein.

In einem kurzen Handgemenge turnen wir unter den Segeln hindurch an die neuen Sitzplätze und Schoten: ich am Großsegel, Ole am Besan und mein Bruder Sven an der Fock. Das kleine Boot fällt ab und ruckelt vorwärts. Die Gangart unseres

Gefährts erinnert mich nun an den holprigen Galopp der kurzbeinigen Ponys aus dem Reitstall.

Reiten oder Segeln? Die Begeisterung für Huftiere und Ballsport ist in der Bevölkerungsgruppe der Zwölf- bis Dreizehnjährigen fest verankert. Entsprechend schlägt Svens Herz für König Fußball, meines für das Reiten. Verzichtbare Hobbys – ginge es nach unserem Vater. Als Marineoffizier hat er sich alle Mühe gegeben, unseren Genpool maritim zu beeinflussen und möchte seine wertvolle Lebenszeit nur ungern dem sinnlosen Warten an den Banden norddeutscher Reitställe und Fußballfelder opfern.

Sven und ich sitzen also bei der Wahl unserer Freizeitbeschäftigung sprichwörtlich im selben Boot.

FREITAG hält inzwischen mit raumen Kurs und unverminderter Fahrt auf den Strand von Solitüde zu. Ebenso stur wie eines der zotteligen Huftiere – einmal in Bewegung, können die Viecher erstaunlich zielstrebig sein. Wenngleich nicht immer im Sinne des Reiters. Die Wellen kommen jetzt achterlicher und schieben mit, der Holz-Opti rauscht entschlossen auf den Strand zu.

Das Schwert geht hoch, gefolgt vom Ruderblatt. Wir lassen die Schoten fahren. Unser Lastentier hat ein Einsehen, fällt in einen gemäßigten Trab, dann in langsamen Schritt. Mit etwas Restfahrt und einem schlurfenden Geräusch landet die hölzerne Jolle schließlich auf dem Sandstrand. Der feste Boden unter den Füßen schwankt, die Hände sind kalt, der Magen knurrt. Also hocken wir uns in den Windschatten der kleinen Sanddüne, die den Strand vom Uferwald trennt. Hierher also hat sich der Spätsommer verzogen!

»Dann hol doch mal deine TOLLEN Kekse aus deiner TOLLEN Jacke!«, ziehe ich Sven auf.

Der Herr Offiziersvater hat zu Saisonbeginn die hinteren Ecken seines heimischen Schlafzimmerspinds kontrolliert. Ans Tageslicht kamen die ausrangierten Öljacken unserer Eltern und der Befund, dass die fürs Opti-Segeln noch allemal

gut seien. Papa hat klare Vorstellungen von der maritimen Kleiderordnung. Preußisch-pragmatisch. Widerrede zwecklos. Es ist Friesennerz befohlen.
»Die sind peinlich!«
Unser kläglicher Versuch der Gegenrede wird im Keim erstickt.
»Schwimmweste drüber, dann passen die. Da habt ihr Kekse und jetzt ab!«

Brot und Spiele. Uralter Trick.

Sven fummelt also ein silbernes Paket aus der zu großen gelben Jacke.
Das Verfallsdatum der Packung liegt in für uns unvorstellbarer Zukunft, der Inhalt entstammt einer Bundeswehr-Einmannpackung. Es sind EPa-Kekse. Stahlharte Panzerplatten. Mürbeteigplätzchen sind Softgebäck dagegen. Auch geschmacklich sind die rechteckigen Teigplatten für uns ungefähr so interessant wie versteinerte Wellpappe.
In den Achtzigern bekommen normale Kinder Schoko-Doppelkekse. Oder wenigstens Butterkekse. Nur Bundeswehrkinder müssen mühsam an Hartkeksen aus NATO-Notrationen nagen.

Sven erntet wissende Blicke von Ole und Inka. Auch ihre Väter sind als Reiseleiter bei Y-Tours angestellt und reichen Bundeswehr-Feingebäck zum Tee. Im vergangenen Winter haben unsere Erzeuger beschlossen, uns die grundlegenden Werte der Marine näherzubringen. Somit genießen wir seit dem Frühjahr eine anständige Segelausbildung und eine anständige Bordverpflegung. Letztere fehlt nun offenbar der GORCH-FOCK-Stammbesatzung. Irgendwo müssen die Kekse ja herkommen.
Während die Bordverpflegung eher wehrkraftzersetzende Wirkung entfaltet, verläuft die Segelausbildung erstaunlich unmilitärisch und zur allgemeinen Zufriedenheit. Einer der Väter, Kapitän Schäfer, trägt in hoheitlicher Mission die Verantwortung für unser seemännisches Seelenheil und leitet unsere Segelstunden mit einer Sonntagsfrage ein: »Jeder allein im Opti oder alle zusammen im Robinson?«

Jenseits dieser Frage sind wir recht frei in unserem Tun. Entweder ist Herr Schäfer in seinem Privatboot bei uns oder ersatzweise sein Gottvertrauen. Offiziere bei der Vernachlässigung ihrer Aufsichtspflicht.
Nach Klärung der Frage zerren wir unsere Kleinstboote auf klappernden Slipwagen aus einer wettergegerbten Bootshalle, die ihre besten Tage längst hinter sich hat. Mutmaßlich seit Dekaden vor unserer Zeugung. Charme und Erhaltungszustand der Anlage rangieren irgendwo zwischen Dornröschenschloss und Edgar-Wallace-Krimi. In dem kleinen Bootshafen des Flottenkommandos Meierwik sagen sich Fuchs und Hase gute Nacht. Oder der Militärische Abschirmdienst und der KGB. Vermutlich verschieben unsere Väter nachts auch von hier aus geklaute EPa-Rationen in das noch Schengen-freie Dänemark. Wir wissen es nicht genau.

Was auch immer Heimliches hinter den alten Mauern geschieht, von uns erwartet Herr Schäfer politisch korrektes Opti-Segeln.
»Einmal Richtung Ochseninseln und zurück. Kein Landgang. Keine Versenkungsspiele. Kein sonstiger Mist!«
Angetrieben vom Wind und seinen mahnenden Worten, schippern wir in unseren Nussschalen los. Der kleine Grenzverkehr, den wir mit den Flensburger Butterdampfern pflegen, fällt vermutlich unter die Kategorie »Kein sonstiger Mist«.
Was passiert eigentlich, wenn man die weißen Schiffe nahebei passiert? Gemeint ist: nahe nahebei. So nahe, dass die Besatzung des Ausflugsdampfers den Bootsnamen FREITAG lesen kann?
Nachdem wir wiederholt juchzend und zu nahebei die Heckwelle des Dampfers hinuntergeritten sind, wird es der Förde-Reederei zu bunt. Durch Herumtelefonieren bei den ansässigen Segelvereinen findet sie heraus, wo unsere Flitzekiste hingehört. Das an uns gerichtete Beschwerdeschreiben verliest Herr Schäfer später mit schneidiger Windstärke-6-Offiziersstimme. Besonders betont er Formulierungen wie »Gefahr für die Sicherheit«, »Behinderung der Berufsschifffahrt« und »Unterlassen«. Vorsichtshalber übersetzt er das Gesagte kindgerecht in »saugefährlich«, »Kleinholz« und »Ihr habt sie wohl nicht mehr alle!«.

Nun stehen wir frisch geföhnt unter strengerer Beobachtung.

Allerdings reicht der Blick unseres Betreuers nicht bis hinter die Sanddünen von Solitüde, wo wir zwischenzeitlich überlegen, was wir alles mit unseren EPa-Keksen anstellen können. Flächig im Opti ausgelegt, geben die Kekse bestimmt ein ganz passables Lenzmaterial ab. Vielleicht halten sie sogar ein Weilchen als provisorischer Leckstopfen? Und angezündet mit dem Molotowcocktail, den der KGB neulich in der Bootshalle vergessen hat, könnten wir mit ihnen ein bisschen im Gestrüpp hinter der Halle kokeln.
Der kindlichen Fantasie sind keine Grenzen gesetzt, die Umsetzung scheitert allerdings am langen Ton einer Signaltröte. Es ist Herr Schäfer, der mit seiner Segelyacht in Schleichfahrt weite Kreise vor dem Strand beschreibt. Er hat die kleine Jolle ausgemacht, die mit ungeduldig schlagenden Sprietsegeln auf dem Strand liegt.

Als wir die Köpfe über die Düne strecken, signalisiert uns Herr Schäfer mit einem weiteren Ton und eindeutigen Gesten, die zarten Kinderpopos sofort in FREITAG zu schwingen und ganz flott nach Hause zu segeln. Vermutlich sah er uns schon inmitten von Robinson-Wrackteilen im Kielwasser eines Butterdampfers treiben.

* * * * *

Jahre später.
Im Spätsommer 2012 sitze ich am Strand von Solitüde auf einer Picknickdecke, die die Ausmaße eines Hubschrauberlandeplatzes hat. Genug Fläche für drei Personen und alle Eventualitäten eines Strandbesuchs. Diverse Taschen mit Badesachen, Sandspielzeug und Grundnahrungsmitteln zeugen von meinem mütterlichen Engagement. Ich halte mich hoch konzentriert für meine Nachkommen bereit, um im Krisenfall umgehend stimmungserhaltende Maßnahmen einzuleiten. Während ich also so vor mich hin träume, lasse ich den Blick und die Gedanken schweifen. Unbewusst beginne ich, das Nahrungsangebot auf den umliegenden Strandlaken und Picknickdecken zu analysieren.

Da. Eine Familie mit Kleinkind. Es gibt Reiswaffeln. Die Dinger sind unvermeidlich. Sobald die kleinen Fressmaschinen etwas greifen können, halten sie in jeder Hand eine dieser runden Scheiben. Schön eingespeichelt, vervielfacht der gepresste Puffreis sein Volumen ins Unermessliche. Theoretisch gelingt es so, das Kind für mehrere Stunden ruhigzustellen. Reiswaffeln konnten vermutlich nur deshalb zum Verkaufshit werden, weil verzweifelte Eltern auf dieses Werbeversprechen hereinfallen. In der Praxis zerkrümeln die Kinder die Waffeln, bevor sie den Mund erreichen. Dafür verkrümeln sich die Reste in Bereiche des täglichen Lebens, die vom putzbeauftragten Erziehungsberechtigten nur schwer zu reinigen sind.

»Ey Alter!« Etwas weiter weg fläzt sich ein Grüppchen Halbstarker auf Badehandtüchern. Ich sehe eine Tüte Chips und zerknülltes Hot-Dog-Papier. Lecker, aber natürlich ein pädagogisches No-Go. Schlechte Ernährung für Kinder. Betonung auf Kinder. Ich schaue mich um. Meine Brut spielt friedlich etwas entfernt an einer Sanddüne und beachtet mich nicht. Ich überlege, wie ich »Ey Alter!« und seine Kumpels ablenken kann. Chips sind gar nicht gut. Nicht, dass die spiddeligen Jungs noch adipös werden.

Na ja. Nebenan werden Salzstangen gereicht. An Grundschulkinder, also schon eher unsere Peergroup. Salzstangen sind so schön Achtziger! Ich schaue verstohlen, ob irgendwo ein Käseigel steht. Nein. Schade.

FREITAG und die EPa-Kekse kommen mir in den Sinn. Salzstangen wären seinerzeit eine kindgerechte Alternative gewesen. Für die damals erträumten Schokokekse ist es heute zu heiß. Aber Butterkekse gingen immer noch, auch 30 Jahre nach FREITAG. Doch da ich sie zu Hause vergessen habe, schleppe ich nur biologisch abbaubare Dinkelbrezeln mit Sesamstreuseln mit mir rum, von führenden Naturkostherstellern empfohlen. Pädagogisch wertvoll und politisch korrekt, aber bei den Kindern unbeliebt.

Alles hat seine Zeit. Die EPa-Kekse haben uns noch unsere ganze Kindheit über begleitet. Nicht auf dem Wasser, aber auf Reitplätzen und Fußballfeldern. Denn unsere kurze Opti-Karriere endete eine Saison nach unserem Butterdampfer-Experiment mit dem Abriss des kleinen Meierwiker Hafens.

Heute schmecken die Panzerplatten für mich nicht nur nach versteinerter Wellpappe, sondern auch nach Salzwasser. Sie riechen nach feuchtem Holz und alter Ölfarbe. Sie klingen nach pfeifenden Masten und klatschenden Wellen. Die Kekse wecken wohlige Kindheitserinnerungen. Das passende Wort dazu heißt FREIHEIT.

30 Jahre später: Der Stagsegelschoner QUALLE kommt um die Ecke
und riecht nach Salzwasser, feuchtem Holz und alter Ölfarbe.
Kindheitserinnerungen werden wach – das Verhängnis nimmt seinen Lauf.

2
ROARING FORTIES

Mai 2013. Mein Mann Marc und ich sind mit den Kindern zu Besuch bei unseren Freunden Frauke und Olli. Die Männer hocken seit 20 Minuten in Demutshaltung vor dem Couchtisch, tief versunken in die Anbetung eines Laptops.

Der kleine Computer ist der zentrale Baustein des Home-Entertainment-Systems, dessen Inbetriebnahme höhere spirituelle Weihen erfordert. Olli und Marc mühen sich vergebens. Vermutlich hat das WLAN-Kabel einen Marderschaden. Der 40-Zoll-Bildschirm an der Wand bleibt schwarz, obwohl die beiden darauf brennen, der anwesenden Restfamilie atemberaubende GoPro-Mitschnitte ihrer jüngsten Mountainbiketour in Full HD zu zeigen. »Das kommt auf dem Flatscreen viel besser als auf dem Laptop!«

Denn Marc und Olli sind Helden. Immer sonntags, Punkt 9:30 Uhr, rollen Batman und Robin in Vollvermummung vom Hof, um sich auf ihren 29er-Mountainbikes den alpinen Herausforderungen der norddeutschen Tiefebene zu stellen.

»Dahlbeckschlucht-Downhill«. Die jüngste Dokumentation ihrer Heldentaten verspricht atemberaubende Filmsequenzen. Zwei Männer allein im Wald. Auge in Auge mit dem Abgrund des Elbe-Urstromtals. Frauke und ich können es kaum erwarten.

»Gleich haben wir es. Gib mir mal die Fernbedienung!«, bittet mich Olli.

»Welche der fünf Fernbedienungen?«, frage ich. »Die große schwarze«, höre ich Olli sagen. Ich reiche ihm das Monstrum. Viele Knöpfe in bunten Farben. Ich sehne mich zurück in meine Kindheit. Da schien einiges einfacher. Es gab ein Testbild und einen Kaiser, zumindest im Fußball, und Fernbedienungen hatten nur eine Handvoll Tasten. An. Aus. Laut. Leise. Und eine für die Farbe. Muss das sein, dass ich heute meine knappe Freizeit der verkorksten Netzwerkarbeit von Bose-Lautsprechern und Blu-Ray-Playern unterwerfe?

Das analoge Home-Entertainment spielt auf dem Wohnzimmerteppich. Finja lässt eben den Vorschoter eines gekenterten Playmobil-Katamarans über Bord gehen. Marten befördert den Skipper außenbords. Die Plastikmännchen segeln am sechs Monate alten Tjark vorbei. Fraukes kleiner Sohn liegt auf dem Bauch und müht sich mit staunendem Blick, der Flugbahn der Figuren zu folgen. Als er ebenfalls kentert und zu weinen beginnt, trösten Finja und Marten ihn geduldig. Meine sechsjährige Tochter und ihr dreijähriger Bruder können auch empathisch. Wäre toll, wenn ihnen das auch gegenüber Verwandten ersten Grades so gut gelänge.

Die großen Jungs programmieren gerade eine der Fernbedienungen. »Könnt ihr bitte nur zwei Knöpfe belegen?«, denke ich. Die für Lautstärke und Abspielgeschwindigkeit. Und dann das Ganze mit meinem Leben koppeln, MUTE und PAUSE drücken.

Ich bin in den Roaring Forties angekommen. Anfang 40. Mittendrin im Bermudadreieck aus Familie, Arbeit und Doppelhaushälfte. Ein paar Tage ohne E-Mails, die mit »@ all« beginnen und mit »asap« enden, wären schön. Gleiches gilt für Kinder, die den ganzen Tag in Großbuchstaben reden und ungefragt die Laktose-, Nuss- und Fruchtzuckergewohnheiten ihrer Spielfreunde rezitieren. Dem Gras im eigenen Garten beim Wachsen zuhören, statt es zu mähen. Kurz: einfach mal eine Pause vom Alltag einlegen.
Ich ahne nicht, dass mir die Lösung meines Problems zu Füßen liegt.
»Wer hat Tjark eigentlich den Playmobil-Katamaran geschenkt?«, frage ich Frauke.
»Den habe ich Frauke geschenkt. Als Gutschein für ein Segelwochenende in Rostock. Yachthafenresidenz Hohe Düne!«, meldet sich Olaf zu Wort. Die Yachthafenresidenz kenne ich. Schicke Hotelanlage mit Marina. Respekt.
Ich will das gleiche, was sie hat! Und zufälligerweise habe ich sogar bald einige Tage Urlaub. Auffordernd blicke ich Marc an. »Tu, was du nicht lassen kannst!«, meint er schulterzuckend.

Am späten Abend haben wir es uns zu zweit auf dem Sofa gemütlich gemacht.
Ich stecke mit meinem Kopf im Computer und klicke mich durch Kojencharter-Angebote. Wunderschöne Boote zu wunderschönen Yachthafenresidenz-Preisen. Das sprengt den Rahmen. Auf der Seite von »Hand gegen Koje« geht es moderater zu. »Hand gegen Koje steht unter Seglern für günstiges Mitsegeln gegen aktive Unterstützung bei allen Arbeiten an Bord«, so die Definition. Ich finde einige Angebote, die nach Meilenfressen und dem Geruch salzwasserfeuchter Herrensocken klingen. Das ist es nicht, was ich suche. Mir ist eher nach Entspannung.
Kieler Jung, Stapellauf 1972, mit Schiff gleichen Baujahrs sucht Mitseglerin für

Wochenendtörn, bei Sympathie auch für länger und mehr. Auch das trifft es nicht ganz. So entspannt soll es nun auch nicht zugehen.

Schließlich bleibe ich bei dem Angebot eines Traditionsseglers hängen. Die Dinger hatte ich ja bisher für alles Mögliche gehalten, aber nicht für etwas, das man segeln kann. *Die QUALLE ist ein 80 Jahre alter griechischer Frachtsegler. Das Segeln wird bei uns noch mit der Hand gemacht – die Mitarbeit ist freiwillig. Untergebracht seid ihr in sechs gemütlichen Doppelkabinen. Alle außen, aber ohne Balkon.*

Marc gibt zu bedenken, dass ich als termingeplagte Teilzeit-Workaholic und nervenschwache Mutter mit einem Wellness-Wochenende in der Hohen Düne, wo die Doppelkammern mit französischen Betten und Außenbalkonen ausgestattet sind, vielleicht besser bedient wäre.

Aber irgendwas hat der olle Kahn. Und so nimmt das Unheil seinen Lauf.

3
DIE QUALLE

Der Wagen der Regionalbahn von Hamburg nach Kiel ist fast leer. Ich suche mir zwei Sitzreihen, die Rücken an Rücken stehen und schiebe meinen großen Rucksack in den Spalt zwischen den Lehnen. Mit Blickrichtung Kiel lasse ich mich in einen der blau gemusterten Sitze fallen. Der morgendliche Pendlerstrom hat sich gelichtet. Die Uhr am Bahnsteig zeigt kurz nach neun. Vor mir liegen zwei Tage auf der QUALLE – ohne Arbeit, Kinder, Mann und unser »kleines Morgen-Grauen«.

Quall

muss. Die Bordwand liegt auf Brusthöhe. Nachdem ich zehn Kindern heruntergeholfen habe, blicke ich zu meinem Kapitän und seinem Ersten Offizier auf. Zweimal Vollbart. Einmal blond, einmal braun. Zweimal Seebärbauch. Einmal Strickmütze. Echte Typen. Aber wie heißt es in der Flens-Werbung: »Mit der Mütze hat das nichts zu tun. Das ist 'ne Frage von Ausstrahlung. Ich sach mal Charisma!«
»Moin Svenja. Willkommen auf der QUALLE. Ich bin Berni.« Der Skipper von eben ist tatsächlich der Chef. »Und das ist Thorsten. Dann komm mal an Bord.« Hau ruck. Wirklich zum letzten Mal heute. Vier hilfsbereite Hände greifen nach dem Rucksack. »Sag mal Mädel, was hast du in deinem Seesack? Wir haben auch so genug Ballast!« Das mit dem maritimen Charme kommt schon mal hin.
Lektion eins: Das Gepäck sollte nicht nur faltbar, sondern auch sparsam bemessen sein. Berni frotzelt etwas von Backsteinen und schubst mein Gepäck vor sich her den Niedergang hinunter. Kurz darauf öffnet er von innen eine Luke auf dem Achterdeck. Aus dem Bauch der QUALLE ruft er: »Bleib mal oben sitzen, du kriegst erst mal einen Anlegeschluck. Aber keinen Alkohol, wir müssen noch fahren! Kaffee?« Da sage ich nicht Nein.

Mit einem Thermobecher in den Pranken hockt sich unser Skipper wenig später auf die Kante zum Achterdeck. Eingerahmt von zwei mächtigen Davits mit Beiboot, steigt es sachte an und endet in einem Spitzheck. Leinen und Festmacher laufen auf verschiedene Winschen und Klampen. Ich habe keinen Schimmer, welche Funktion sie genau haben. Und die Takelage ist aus der Nähe betrachtet noch verwirrender. Zwei mächtige Holzmasten ragen in den Kieler Himmel. Gehalten werden sie von unzähligen Wanten, Blöcken und Leinen, die oberhalb des Decks in kräftigen Beschlägen und Nagelbänken enden. Aber hübsch ist das Schiff. Überall sorgfältig gepflegtes Holz. Ich habe meine Schuhe ausgezogen und sitze barfuß auf dem warmen, samtigen Teakdeck.
Der Chef übernimmt. Er gräbt in meiner Segel-Vita. So stelle ich mir die heilige Inquisition vor. Von wegen: »Du musst nicht segeln können.« Gleich wird er feststellen, dass ich keine Ahnung habe und mich kielholen.

Die Beichte meiner Kindheitsverfehlungen im Opti scheinen mich zu qualifizieren. »Im Opti lernt man besser segeln als auf jedem Dickschiff«, meint Berni. »Dann kannst du ja segeln.« Na ja, er muss es wissen.

Noch höhere Weihen erlange ich offenbar durch meine edle Marineherkunft. Das ist ein Phänomen, dem ich immer wieder begegne. Erwähne, dass dein Vater Marineoffizier war, und alle halten dich für maritim hochbegabt. Salzbuckel per Geburt. Immer wieder sehr amüsant.

Rudergehen – der schönste langweilige Job der Welt.

4
GRÜNSCHNÄBEL

»So, wir müssen ja noch was tun«, beendet Berni den Schnack. »Svenja, komm mal mit, ich zeige dir, wo du wohnst.« Ich folge Berni in das Halbdunkel des Schiffsbauchs, auch hier viel Holz. Mein Rucksack wartet in einer der fünf Kammern ohne Außenbalkon. Blaue Laken, weiße Rumpfplanken, drei Quadratmeter Gemütlichkeit. Durch ein kleines Bullauge irgendwo über Kopfhöhe sickert gedämpftes Tageslicht.

verfliegt mit dem Wummern des Diesels. Plötzlich ist die QUALLE wieder ein normales Schiff mit normalen Lautstärkeverhältnissen.

Am nächsten Morgen schleiche ich mich mit einem Becher Tee hinaus auf die Mole. Endlich Sommer! Warme Luft, warmes Licht, gleißendes Wasser. So ganz anders als gestern Abend. Als ich zurückkomme, halten drei zerknitterte Holzfäller ihre Gesichter und Kaffeepötte in die Sonne. Vor dem ersten Kaffee Klappe halten. Das Koffein erreicht erst eine Stunde später Bernis Sprachzentrum. »Kommt Kinder, wir segeln nach Hause!«

Die Dünung schiebt sanft. Rudergehen ist der schönste langweilige Job der Welt. »Herr, war gerade Geduld übrig? Und warum schmeißt du die ausgerechnet hier vom Himmel, und nicht zu Hause?«

Die Nadel am nostalgischen Steuerkompass schwooft im Walzertakt über die Gradanzeige. Hinter der Fehmarnsundbrücke macht sie noch 20 Grad große Ausfallschritte nach Backbord und Steuerbord. Die eigenwillige Richtungsanzeige ist stur. Mindestens genauso stur wie ich. Als wir irgendwo mitten in der Lübecker Bucht sind, habe ich sie endlich auf zehn Grad Kursschwankung heruntergehandelt. Es lebe der Kompromiss.

Die QUALLE trottet im Wiegeschritt nach Süden. Das Holz und der runde Messingrahmen an der Steuersäule fühlen sich warm an. Meine Gedanken auch. Genau wie die Schatten der Segel wandern sie mit jeder Gradschwankung langsam hin und her. Ach, wozu brauche ich die Adria? Ich will Ostsee.

»Herr, gib mir mehr Meer – aber zackig!«

Zwei Tage QUALLE.
Ich will mehr Meer – aber zackig!

5
HOBO

Bei »Herr, gib mir mehr Meer – aber zackig!« dachte ich an 25 Grad Lufttemperatur. Celsius. Nicht Fahrenheit.

Es ist 8 Uhr morgens am 7. Dezember 2013, saukalt, stockdunkel, und am Meer bin ich auch nicht. Aber ich habe genau das bekommen, was ich wollte. Über unseren Köpfen rauscht der Berufsverkehr auf der Lübecker Possehlbrücke. Sie überspannt die Trave dort, wo der Fluss ein großes Becken bildet, bevor seine Arme die Lübecker Altstadt umschließen. Ich blicke in die Gesichter meiner frierenden Mitstreiter. Sechs müde Augenpaare, bemützte Köpfe, tief zurückgezogen in die Jackenkragen. Ich wünsche mich in die Restwärme meines Autos zurück. Schneeflocken treiben durch den Lichtkegel einer Straßenlaterne. Etwas entfernt stehen weitere Grüppchen. Wenigstens bietet uns einer der mächtigen Brückenpfeiler etwas Schutz vor dem eisigen Wind.

Auf der anderen Seite des Betonträgers macht XAVER sich ein letztes Mal warm. Seit zwei Tagen tobt das Orkantief über Norddeutschland. Dennoch war unser Kursleiter gestern am Telefon ganz entspannt. »Morgen ist das durch!« Der Wind scheint davon noch nichts zu wissen und rüttelt an zwei Barkassen, die unten am Traveufer vertäut liegen. Eben gehen die Bordlichter an. Wie bescheuert bin ich eigentlich, bei diesem Wetter die Praxisprüfung zum Sportbootführerschein anzutreten?

Es hilft nichts. Seit dem QUALLE-Törn versuche ich, die Familie von einer gemeinsamen maritimen Zukunft zu überzeugen. Vor drei Wochen nun hat Marc mir lange und tief mit einem »Halt-endlich-die-Klappe-Blick« in die Augen geschaut und sich anschließend aufgemacht, ein Boot zu kaufen.

Ich habe gerade ziemlich kalte Füße. Was nicht so sehr an der Außentemperatur liegt, sondern an der zunehmend rasanten Eigendynamik des Geschehens. Alles wegen zweier Segeltage im Mai.

Zusammenfassen lassen sich die Ereignisse in etwa so: Zu einem Meilenbuch mit dem einsamen Eintrag »Kiel–Wismar: 76 Seemeilen« gesellt sich bald eigenes Ölzeug. Hier treten die Begriffe »Inshore« (gehobene Strandbekleidung), »Coastal« (jenseits der Drei-Meilen-Zone selbstzerstörend) und »Offshore« (alles ab den Faröern) erstmals in mein Leben. Ebenso die Ahnung, dass ich wohl eher der

HOBO tritt in unser Leben – als Beifang eines Bootsmaklers.

HOBO

der Leitung, und sein Nachfolger parkt schwungvoll französisch ein. Die Sonne verzieht sich schnell wieder. Auf Freizeitkapitänen wie uns ruht also die Hoffnung der Wassersportbranche. Ich selbst lasse meinen ersten MOB kläglich in der kalten Trave erfrieren. Ich habe zu weit abseits aufgestoppt. Noch einmal!

Der zweite Anlauf beginnt vielversprechend. Millimeterarbeit. Die Signalboje gleitet auf den Bug zu und verschwindet aus meinem Blickfeld. Ein leises »Klong!« ist zu hören.

Treffer, versenkt.

Mit ausgekuppelter Maschine und etwas Restfahrt treibt unser Dampfer auf der Trave und schiebt dabei eine trudelnde Rettungsboje mit Schädel-Hirn-Trauma vor sich her. Die Stange hat sich im Bugkorb verhakt und kann sich nicht so recht zwischen Steuerbord und Backbord entscheiden. Steuerbord ist gesetzt. »SCH...!«, entfährt es mir. »Sch« wie »Schteuerbord«. Ob etwas dran ist an den Berichten vom launigen Rasmus? Vielleicht ist er es, der die rettende Welle schickt. Oder XAVER, der mit einer Windböe nachhilft. Jedenfalls löst sich die Boje, schlingert zur angesagten Seite und gleitet dort in die Hände des bereitstehenden Rettungsassistenten. Ich stehe peinlich berührt am Ruder. Der Prüfer greift nach dem Gashebel und kuppelt die Maschine wieder ein. Dann meint er trocken: »Na, Frau Neumann? Patient tot, Manöver erfolgreich. Der Nächste bitte!«

Andere gewinnen ihren Sportbootführerschein im Lotto. Ich im Roulette.

Andere gewinnen ihren Sportbootführerschein im Lotto. Ich im Roulette. Auf Leuten wie mir ruhen also die Hoffnungen der Wassersportbranche.

6
BRASILIEN. ODER BIRKHOLM?

Mein Büro-Computer erinnert mich an den nächsten Termin: »10:00 Uhr. PDR-Gespräch mit Andreas«. Diese Gespräche stehen regelmäßig zu Jahresbeginn an und sind im Kollegenkreis ungefähr so beliebt wie eine Wurzelbehandlung.

PDR steht für »Personal Development Review«. Zu Deutsch: Abstimmung der Jahresziele. Aber es ist nicht einfach nur ein Gespräch mit meinem Chef Andreas. Es ist ein langwieriger, wohldokumentierter Prozess. Auf Englisch. Dabei ist regelmäßig von »Passion« und »Challenge« die Rede – wie es sich eben für einen amerikanischen Konzern gehört. Statt des breiten amerikanischen »PieDieAhrr« hat sich im Kollegenkreis die sehr deutsche Aussprache »PehDehAaa« eingebürgert. Dabei muss ich immer an die Periduralanästhesie aus der Geburtshilfe denken. Was gar nicht so abwegig ist. Denn der Zielfindungsprozess für neue Herausforderungen, die es alle Jahre wieder leidenschaftlich und in herausragender Weise zu meistern gilt, ist manchmal sehr schmerzhaft.

Ich hole mir einen Kaffee, um vorab das Rückenmark etwas zu betäuben. Ein Gespräch mit einem hübschen Anästhesisten wäre jetzt auch schön. Wobei Andreas als Alternative schwer in Ordnung ist. Ich schätze ihn sehr. Glücklicherweise sind wir beide lange genug im Unternehmen, um den Beurteilungsformalitäten den gebotenen Respekt zu erweisen, ohne sie ernster als unbedingt nötig zu nehmen.

Meinen Kaffee schlürfend, schlendere ich in den Besprechungsraum. Andreas ist noch nicht da. Der Blick aus dem Fenster offenbart Autoschlangen, die sich drei Stockwerke tiefer im Ampelakkord über eine große Kreuzung schieben. Gegenüber ragt die rote Fassade eines Hochhauses auf. Balkone reihen sich aneinander. Wie Legebatterien für die umherflatternden Tauben. Downtown Neu-Isenburg. Eine kleine Ortschaft südlich von Frankfurt. Mein Arbeitgeber-Hauptquartier. Irgendwie trostlos. Zu weit weg vom Meer. Immerhin machen die netten Kollegen dieses Manko etwas wett. Rund um das Hamburger Büro ist es auch nicht wirklich schön. Aber dort sitzen Möwen auf den Dächern und erzählen krächzend vom Meer.

»Na, träumst du noch?« Andreas hält an der Tür inne, ebenfalls mit Kaffeetasse und Laptop bewaffnet. Wenn er wüsste, wie richtig er liegt! Ein Lächeln ziert sein offenes Gesicht mit dem kleinen Ziegenbart. »Bringen wir es hinter uns!« Er gehört zu den pragmatischen Geburtshelfern. Und glücklicherweise sind sein

Das Boot habe ich. Als nächstes segele ich mit meiner Familie nach Brasilien.

hessischer und mein norddeutscher Humor kompatibel. Das hat uns schon gut über manche Bullshit-Bingo-Runde gebracht.
Als wir zur Frage nach meinem diesjährigen Ziel kommen, antworte ich: »Brasilien!« Andreas stutzt. »Wie jetzt?« »Na ja, wir haben uns ein kleines Segelboot gekauft. Ich schnappe mir die Familie, und wir segeln nach Brasilien!« – »Echt?« – »Ja!«
Andreas schiebt seine Unterlagen beiseite und schaut mich mit hochgezogenen Augenbrauen an: »Krass!« »Wann wollt ihr denn los?«, fragt er schließlich. »Im Mai oder so«, antworte ich. Ich muss grinsen. Immer breiter. Andreas stutzt. »Und wie geht es jetzt weiter?«
Ich bitte ihn, »Brasilien, Schönberg« zu googeln. Wie vermutet, kennt er als Offenbacher das Dorf vor den Toren Kiels nicht. Er schmunzelt. »Cool, machst du auch einen Abstecher nach Kalifornien?« Das liegt gleich nebenan.

Es ist Anfang Februar. Marc und ich haben beschlossen, dass HOBO an der Flensburger Förde liegen wird. Noch habe ich keine Ahnung, wie es uns an Bord ergehen wird. Aber ich will die Förde bis Saisonende einmal hinter mir lassen. Marc bremst mich: »Das Boot ist noch nicht einmal im Wasser. Mach doch mal einen Schritt nach dem anderen!« Brasilien. Das sind rund 50 Seemeilen. Große, schöne, weite Welt! Andreas wird wieder ernst. »Ich würde dir das andere Brasilien auch zutrauen!«
Obwohl er selber nicht segelt, scheint es für ihn selbstverständlich, dass ich die Ausdauer und den Mut für eine Ozeanüberquerung hätte. Weil er meinen Ehrgeiz kennt und weiß, dass ich Dinge ganz oder gar nicht mache? Brasilien als Ziel. Ich staune. Das klingt ... gut! Andreas setzt mir da ungewollt neue Flausen in den Kopf. Vielleicht sollte er mal mit Marc reden.
Inspiration made in Neu-Isenburg. Ausgerechnet hier, 600 Kilometer von der Ostsee entfernt. Und es kommt noch besser. Denn als Marc mir im November den frischen Kaufvertrag in die Hand drückte, stolperte ich über die Frankfurter Anschrift der Verkäufer – keine fünf Kilometer vom Neu-Isenburger Büro entfernt.

Nur schien der direkte Draht nicht vorgesehen. Keine Telefonnummer, keine E-Mail-Adresse. Ich bat den Makler, ein Treffen zu vermitteln. Eines Abends klingelte das Telefon: »Hier sind Peter und Steffi. Ihr habt unser Boot gekauft.« Daraus wurde eine Verabredung auf einen Äppelwoi.

So sitzen wir am Abend nach meinem brasilianischen Jahresgespräch im Föhl, einer rustikalen Neu-Isenburger Apfelwein-Stube. Die beiden haben einen zerfledderten DIN-A4-Hefter mitgebracht. Wir breiten den Inhalt auf der rot-weiß karierten Tischdecke aus. Ein Vierteljahrhundert Bootsleben liegt vor mir. Belustigt beugen wir uns über einen DEHLER-Originalprospekt. Campingplatzidylle an der Ennepetalsperre. Die Dehlya – ein schwimmender Wohnwagen. Mutti spielt mit ihrem Sohn Malefiz im Salon. Wer sendet heute noch solche Werbebotschaften?

Genau genommen haben wir nichts anderes vor. Ein bisschen im Kreis segeln. Uns danach in HOBOs Bauch einkuscheln und mit den Kindern UNO spielen. Heile Familienwelt mit Wasseranschluss – nur eben auf der Flensburger Förde. Genau dieses unaufgeregte Dasein hat das Boot jahrelang auf der Schlei geführt. Vom Vater an den Sohn weitergereicht. Erst als NONA in altdeutscher Schrift, später als ALLEGRIA in Sans Serif. Das Gelcoat verrät alles. Dann kamen Peter, Steffi und die Geschlechtsumwandlung. Aus der Familienkutsche wurde HOBO – nach den nordamerikanischen Wanderarbeitern, die auf Güterzügen umherreisen. Drei Sommer lang haben die beiden von Kopperby aus das übertakelte Binnenschiffchen zu Massive-Attack-Klängen durch die dänische Ostsee gejagt. Nun stehen wir vor der Aufgabe, es als Familienboot zu resozialisieren.

Vor der Besichtigung im Herbst hatte ich mich gefragt, ob ich spontan zärtliche Gefühle für das Bötchen entwickeln würde. In Segelbüchern liest man ja von Verzückung und Liebe auf den ersten Blick. Nichts dergleichen. Auch nicht weiter verwunderlich. Denn Mutti musste beim ersten Speed-Date im Minutentakt Reiswaffeln nachschieben, um die Kinder ruhigzustellen. Es war ein schnelles Abchecken. Da stand ein kleiner Angeber vor mir. Ein Scheinriese. Dem Äußeren nach eine Yacht. Im Inneren ein schwimmender VW Bulli. Aber insgesamt sympathisch und mit lauter grünen Haken an meiner Gebrauchtboot-Checkliste. Für eine Vernunftehe könnte es reichen. Frauen sind eben doch berechnend.

Und nun schiebt Steffi mir ein Foto hin. »Guck mal, da müsst ihr mit HOBO unbedingt hin!« Es zeigt das Boot an einem leeren Holzsteg. Steg und Teakdeck sind nach einem Schauer noch feucht. Wassertropfen glitzern am Bugkorb. Im Hintergrund liegt eine schmale Hafenzufahrt. Birkholm. Steffi schwärmt von der winzigen Insel in der Dänischen Südsee. Beschreibt das klapprige Klohäuschen. Ein Holzverschlag im Freien mit zwei Kabinen. Eine bemalt mit dem Bild einer Ost-Gefahrentonne. Die andere mit ihrem westlichen Gegenstück. Über einen staubigen Schotterweg sind es 500 Schritte bis zur Inselmitte. Keine Süßwasserversorgung. Kein Kaufmann. Nur ein kleiner Hafen mit einem Stückchen Sandstrand und einer Sonne, die irgendwo westlich im Inselmeer versinkt.

Langsam entstehen zarte Bande zu der GFK-Hülle, die nahe Schleswig in der Scheune auf uns wartet. Dank der Erzählungen bekommt HOBO seine Seele zurück. Ich betrachte das Foto. Ich höre, wie die Wassertropfen vom Bugkorb sachte ins Hafenbecken patschen. Wie die Fender leise zwischen Steg und Bordwand quietschen und die Fallen träge an den Mast flappen. Das alles klingt gut. Birkholm. Da will ich hin. Brasilien, ob nun das kleine oder große – es kann warten. Ein Sprung über den Kleinen Belt klingt nach einer Mischung aus Entspannung und Sex, Drugs and Rock 'n' Roll für Segelanfänger. Marcs beschwichtigende Worte kommen mir in den Sinn. Ich frage mich, wie ich ihm Birkholm unterjubeln kann. Bei Massive-Attack-Klängen oder beim Malefiz?

HOBO wird als Familienboot resozialisiert.

7
354 SEEMEILEN

Dass aus »Sex, Drugs and Rock 'n' Roll« wohl eher »Sex, Rotz and Rock 'n' Roll« werden würde, war mir schon kurz nach der Übernahme des Bootes am Osterwochenende 2014 klar. Mit dem Mythos um Ersteres möchte ich gleich an dieser Stelle aufräumen. Von wegen »romantisch in den Sonnenuntergang segeln und dann ...«!

Sind Kinder an Bord, finden Romantik und alles was darauf folgt nur in der Zeit nach 23:00 Uhr statt. Dann nämlich, wenn die Kids endlich schlafen, wobei die Erziehungsberechtigten zu diesem Zeitpunkt in aller Regel entkräftet vor den Kinderkojen auf den Bodenbrettern liegen. *50 Shades of Grey* bleibt also im Zusammenhang mit Familiensegeln eher ein Wetterphänomen.
Und selbst wenn sich einmal zärtliche Bande entspinnen sollten, sind der Romanze auf einem Kleinkreuzer gewisse räumliche Grenzen gesetzt. Jeder erinnert sich an die ersten Dates nach dem Führerschein, im Zweitwagen der Eltern, wo grundsätzlich die Handbremse im Weg war ...
Zu Beginn des ersten Segeljahres waren die Gesichter unserer Kinder noch recht oft rotzverschmiert, unsere waren es zuweilen auch, denn unweigerlich geht mal was schief. Doch das Verhältnis verschob sich bis zum Saisonende immer mehr in Richtung »Rock 'n' Roll«.

Der Saisonauftakt verlief noch sehr vielversprechend. Wir hatten meinen früh verstorbenen Vater kurzerhand zu unserem persönlichen Schutzheiligen für alle nautischen Fragen erklärt. Zum Einstand leistete der heilige Hartmut erstklassige Arbeit und trat Rasmus nach einer Schlechtwetterlage ans Schienbein. So eingeschüchtert, drückte der pünktlich zu HOBOs Übergabe den Knopf »Ostwindlage, Sonne, moderate Winde, Dauer: drei Wochen«. Meine Mutter kümmerte sich währenddessen um die irdischen Belange und schleppte die gesammelte Enkelschar für Eis, Pommes und Fischbrötchen nach Langballigau, den Nachbarort unseres künftigen Heimathafens Bockholmwik. In kürzester Zeit erwarb sie eine Mehrheitsbeteiligung an der dort ansässigen Fischbude und verließ das Lokal nur noch zum Schlafen.
So befreit von elterlichen Pflichten, segelten Marc, mein Bruder Sven und ich das Boot nach einer irritierend reibungslosen Übergabe von Flensburg an seinen neuen Liegeplatz in der Außenförde. Nach dem Abbieger an der Spitze der Halbinsel Holnis klemmten wir uns zu dritt auf hohe Kante und bretterten auf Halbwindkurs mit Heckkorb, Curryklemme und Fockwinsch in den edleren Körperteilen bis in die Bucht vor dem Hafen, johlend wie beim Kindergeburtstag. Nach 15 See-

meilen machten wir HOBO zum ersten Mal fest – psychedelisch grinsend wie die Teletubbies und mit sehr sehr viel Endorphin in der Blutbahn.
Das Bild wandelte sich schlagartig, als die Kinder an Bord waren. Nicht nur, dass Kleinkreuzer-Fallenstopper prima kompatibel mit Kinderfingern sind und sich für Vier- bis Sechsjährige ungeahnte Gefahrenquellen an Bord auftun. Nein, die Kinder waren nie zuvor auf einem Segelboot gewesen und mit dieser neuen Welt hoffnungslos überfordert – das hatte ich bei meinen Visionen von Birkholm einfach ausgeblendet. Während unseres ersten gemeinsamen Schlags durch kabbelige Ostwindwellen kauerten die beiden frierend auf dem engen Cockpitboden, zurückgezogen in ihre orangefarbenen Feststoffwesten wie verängstigte Schildkröten, obwohl das Boot bei nur 2, 3 Windstärken eher gemächlich unterwegs war. »Wovor habt ihr Angst?«, fragte ich. »Das wir rausfallen!«, war die verrotzte Antwort. Es war die klaffende Lücke zwischen dem niedrigen Cockpitsüll und dem Relingdraht, die sie ängstigte, das plötzliche Krängen des Bootes, die lauten Geräusche unter Deck, kurz: fast alles an dieser sonderbaren neuen Art der Fortbewegung.

So war HOBO während der ersten Wochen tatsächlich eher ein schwimmender Wohnwagen als das Vehikel für den Ritt in den Südsee-Sonnenuntergang. Unzählige Male saß ich mit Blick auf die Schwimmstege auf meiner geblümten Stranddecke und schaute Finja und Marten beim Burgenbauen-und-wieder-Kaputthauen zu. Dabei scharrte ich mit den Hufen nervös im Sand und träumte von Birkholm, Rauschefahrt und schraddeligen dänischen Holzstegen.
Damit tat ich natürlich nicht nur der Familie, sondern auch Bockholmwik unrecht, das im Grunde ein wunderbar verschnarchtes Fleckchen Erde ist, an einer Straße gelegen, deren zwei Fahrspuren sich an einer Kuhkoppel im Sandstrand verlaufen. Wo sonst wird man morgens nicht nur von Möwen, sondern auch von einem Kuckuck aus dem angrenzenden Wald geweckt und begegnet in der Dämmerung Rehen auf dem Steg? Also bemühte ich mich, mal eine Weile meine Klappe zu halten und mit dem zufrieden zu sein, was wir hatten – denn ein Boot zu besitzen, zumal nach so kurzer Zeit, ist ja nicht unbedingt selbstverständlich.

Nachdem wir HOBO mit Relingnetzen zum schwimmenden Hamsterkäfig umgebaut hatten, wurden auch die Kinder lockerer, und der Tanz konnte beginnen! Erste Ankerstopps direkt vor dem Hafen verkauften wir als Abenteuer und segelten zur Gewöhnung vor dem Hafen im Kreis, bis uns schwindelig war. Dabei bemühten wir Eltern uns, größtmögliche Souveränität bei vollkommener seemännischer Ahnungslosigkeit auszustrahlen und gleichzeitig die streitenden Kinder voneinander fernzuhalten. Bloß keine Zweifel an der eigenen Autorität bei den Nachwuchspiraten aufkommen lassen!

Doch wir wollten natürlich mehr und warben mit Spielplatz und Softeis um die Gunst der Crew. Marina Minde geriet ins Visier, nur einen Sprung über die Förde von Bockholmwik entfernt. Vor das Softeis hatten die Hafenbetreiber allerdings einige Boxengassen gesetzt. Das Einparken an unserem Schwimmsteg in Bockholmwik klappte mittlerweile ganz gut. Aber zwischen Dalben? In einem stillen Moment ohne Kinder segelten Marc und ich auf die dänische Seite der Förde, um unseren Claim abzustecken. Ich parkte in der erstbesten Zauberbox, die immer länger wurde, je näher wir dem Steg kamen. Irgendwann waren die Heckleinen zu Ende und meine Arme auch, also ließ ich los. Praktischerweise hatte ich die Leinen zuvor nicht belegt. Also hingen sie herrenlos an den Dalben, die glücklicherweise mit Haken versehen waren.

Marc und ich hingegen trieben es vogelwild quer durch drei Boxen, gaben uns Tiernamen und nahmen den Steg nach einigen Selbstfesselungsversuchen schließlich von hinten. Besteigen konnten wir ihn dennoch nicht, der Außenborder war im Weg. Mittlerweile hatten sich etliche Schaulustige eingefunden und schlossen hoch dotierte Wetten auf den Fortbestand unserer Ehe ab. Die Vereinigung mit dem Steg wollte auch nach zwei weiteren Annäherungsversuchen nicht gelingen. Meinen Vorschlag, das Schild »Nur für Boote über 15 Meter« zu ignorieren und eine Gasse weiter längsseits zu gehen, bedachte Marc mit einem verächtlichen Schnauben: »Hätte ich gewusst, wie kompliziert das ist, hätte ich mich nicht darauf eingelassen!«

Ich war nicht ganz sicher, ob er damit die Ehe mit mir oder den Kauf des Bootes meinte, wahrscheinlich beides – er hatte da so ein Glitzern in den Augen. Also

TOHATSU

Zum ersten Mal auf der hohen Kante, johlend wie beim Kindergeburtstag.

während der morgendlichen Müslischlacht damit herausplatzen sollen. Marc saß mir am Frühstückstisch gegenüber, setzte seine Kaffeetasse ab und schaute mich fassungslos an.
Schockstarre nennt man das, glaube ich. Die zehn Gründe, warum er mich geheiratet hatte, fielen ihm in diesem Moment vermutlich nicht ein.
Ein Klirren holte Marc zurück in die Realität. Herumhampelnd hatte Marten seinen Löffel in weitem Bogen aus der Müslischale katapultiert. FLATSCH! Durchweichte Haferflocken landeten direkt neben Marcs Kaffeetasse. Der Blick meines geliebten Ehemannes wanderte zwischen einer sich langsam ausbreitenden Milchlache, mir und dem Nachwuchs hin und her. »Das kannst du ohne mich machen! Aber nimm die Kinder mit!«
Seine Antwort war eindeutig. Die Idee vom gemeinsamen Segelsommer auf 22 Fuß erschien ihm noch bekloppter als die vom Törn nach Birkholm.
Einige Zeit später lehnte die Schulbehörde Finjas Beurlaubung ab. Wir machten vorerst das Beste daraus: einen ganz normalen Familiensegelsommer – inklusive Ehemann und ohne weiterführende Gedanken an die nächste Saison.

Es war ein schöner Sommer. Wir kreuzten unter einem hohen Emil-Nolde-Himmel im Kielwasser der GORCH FOCK, verbrachten stille Abendstunden in der Mjelsvig und lernten HOBO zu schätzen und zu vertrauen, als er uns gegen Ende der Saison bei 6 Windstärken durch die Wellen vor Pøls Rev am Ausgang der Flensburger Förde boxte – um den Preis, dass wir das Boot an einem Sonntag eingeweht in Mommark zurücklassen mussten, um am nächsten Morgen pünktlich zur Arbeit erscheinen zu können. Die Kinder waren zu kleinen Bootsleuten herangewachsen, versahen Fender- und Leinendienste, Finja hatte sogar das Rudergehen gelernt. Mit dem alltäglichen Gezeter, Gehampel und Geräume zu viert auf 22 Fuß hatten wir uns notgedrungen arrangiert. Am Ende der Saison hatten 354 Seemeilen Fördewasser viel vom anfänglichen Rotz abgespült – und den Rest mit einer Salzkruste überdeckt.
Alles war also gut, nein, besser als gut geworden. Nur auf einen gemeinsamen Plan für den kommenden Sommer hatten wir uns noch nicht einigen können.

Besser als gut. Abendankern mit Marc – und ohne Kinder.

8
PLÖTZLICH EINHAND

Es ist Sonntag, später Nachmittag. Die Abendsonne fingert durch die Salonfenster. Seit zwei Tagen fegt der Nordwestwind mit 6, 7 Windstärken über die Flensburger Förde und bringt die Riggs im Hafen zum Singen. Doch trotz des Heulens und Pfeifens ist HOBOs kleiner Salon angefüllt mit drückender Stille.

Ich verstaue meine letzten Habseligkeiten. Das meiste an Ausrüstung war ohnehin schon an Bord. Ölzeug, Karten, Seenotsignale, das Handfunkgerät. Als ich am Freitag zum Boot kam, habe ich den Inhalt von vier Handkarren einfach dazugekippt und damit begonnen, ihn auf Backskisten und Schwalbennester zu verteilen. Trotzdem stapelt sich immer noch allerlei Ausrüstung auf Salonboden und Kojen. Neben den hellblauen Segelschuhen liegt eine gelbe Kartusche mit Pantera. Da sind noch der Akkuschrauber, eine Metallsäge, mein Bettzeug, lauter Sachen, die noch einen Platz finden müssen. Das Klappern der Backskistendeckel, das schleifende Geräusch der Schiebetüren, das Klirren von Geschirr. Vertraute Geräusche, die die mich umgebende Stille förmlich zerreißen. Marc und die Kinder fehlen. Die drei sind gestern mit dem Zug nachgekommen, um mich zu verabschieden. Kein großer Bahnhof. Nur schnell das Auto abholen, mit dem ich mein ganzes Zeug am Freitag von Hamburg hergefahren habe. »Pass auf dich auf!« Eine schnelle Umarmung, ein flüchtiger Kuss. »Tschüss, Mama!« Die Kinder beugen sich aus den Fenstern, winken, dann verschwindet der Wagen hinter der Kurve und ist fort.
In diesem Moment klingelt mein Handy. Es ist die Mutter von Finjas Klassenkameradin Lena. »Hat Finja morgen Zeit?« Ich bitte sie, Marc anzurufen: »Ich bin gerade nicht da!« Ich sage ihr nicht, dass ich sechs Wochen einhand durch die Dänische Südsee segeln werde. Mutter-, nein, kinder- und mannseelenallein also. Das passt nicht in die allgemeingültigen Denkmuster unseres Doppelhauslebens und würde einen Rattenschwanz an Fragen nach sich ziehen, so viel habe ich in den letzten Monaten gelernt.

Im Herbst hatten Marc und ich uns über Wochen hinweg die Köpfe heißgeredet. Dass Marc keine drei Monate eingepfercht in einem schwimmenden VW Bus verbringen wollte – verständlich. Also musste eine andere Lösung her. Einhand? Hatte ich noch nie probiert. Würde schon klappen. Hatte er nicht gesagt: »Das kannst du ohne mich machen!«? Tatsächlich war Marc grundsätzlich mit dieser Idee einverstanden.

Plötzlich einhand. Meine Gefühle sind zu Beginn der Reise allerdings deutlich weniger überschäumend als die Wellen vor dem Bug.

9
MOMMARK

Ich sitze in meinem Cockpit. Die tief stehende Abendsonne taucht die gegenüberliegende Seite des Hafens in warmes Licht. Das träge Treiben an den Stegen macht meinen Kopf leicht. Ich bemerke zufrieden, wie die Stimmen in meiner Großhirnrinde leiser werden. In den letzten Wochen und Tagen haben sie ständig auf mich eingeredet. »Was für eine schwachsinnige Idee. Einhand. Ohne Ahnung von nix.« Doch jetzt bin ich hier. Alles ist gut. Die Reise wird gelingen.

Drüben an der weiß getünchten Mole laden einfache Bänke zum Müßiggang ein. Ihre groben hölzernen Sitzbretter sind mit großen Haken über die Kante der Hafenmauer gehängt. Wie bei diesen mobilen Türleisten, die es regelmäßig im Non-Food-Segment von Discountern gibt. Das sieht lustig aus. Nach dänischem Understatement. Ich werde mir ein Bier im Hafenbistro besorgen und mich auf eine solche Bank setzen. Und nichts tun. Einfach nur gucken und schweigen. Das Leerlauf-Tuckern eines Außenborders und die Frage: »Darf ich bei euch längsseits kommen?«, schieben sich in mein Bewusstsein. Aus der Perspektive meiner Cockpitbank sind es zwei sportlichen Waden, die mich das fragen. Soweit ich es auf einen schnellen Blick erfassen kann, ist überhaupt alles sportlich an dieser Skipper-Boot-Kombi. Rein optisch gibt es üblere Längsseits-Anwärter. Das vermute ich zumindest. Denn dieser hier ist der Erste in meiner Segellaufbahn. Bisher waren wir immer das kleinste Boot am Platz und konnten in irgendeiner Nische der Boxengasse unterschlüpfen, wenn es voll war. Keine Ahnung also, was ich tun muss, wenn einer längsseits kommen will. Vermutlich wären Fender nicht schlecht, aber auf die Idee ist er selbst schon gekommen.
»Ja«, sage ich etwas entrückt, weil ich in Gedanken noch bei dem Bier und der Bank bin. Den Rumpf seines Bootes ziert in ganzer Höhe die Zahl 803. Es kommt mir sehr hochgerüstet und beeindruckend groß vor. Ich höre mich sagen: »Dein Boot ist größer, vielleicht liegst du besser am Steg, und ich hänge mich bei dir ran.« Der Skipper schaut mich an wie ein Auto und beginnt zu lachen. »Mein Boot ist genauso groß wie euers.« Vermutlich zweifelt er gerade an meiner Zurechnungsfähigkeit. Ich schaue still zu, wie er seine Achterleine auf meiner Schotwinsch belegt. Da meldet sich meine Hirnrinde noch einmal nervös zu Wort. Darf der das? Was sagt der Hafenknigge dazu? Wozu habe ich Heckklampen? Und wenn er mir zehnmal erzählt, dass sein Boot genauso groß ist wie meines. Kann die Kiste mir die Winsch weghauen?
»Wäre es dir recht, deine Leine auf meine Heckklampe zu legen?«, hat mein Großhirn als Nachricht an mein Sprachzentrum geschickt, das brav die vorgegebene Sequenz von sich gibt.

Wieder dieser Auto-Blick. »Klar, Mensch, das ist dein Boot, du bestimmst, wie ich das mache. Aber du hast doch gar keine Heckklampe ...« Ich zeige sie ihm, versteckt hinter dem Relingnetz. Während er die Leine umbaut, blickt er hoch. Vielleicht ist er über »MEINE Heckklampe« gestolpert. Eine Frage scheint sich in seinem Kopf zu formen, doch es dauert, bis er sie zu fassen kriegt:
»Bist du alleine?«
»Klar. Ich segele einhand. Schon immer. Also, ich meine, fast immer, also genau seit ... äh, gestern. Und du so?«
Das denke ich natürlich nur, mein Sprachzentrum hält derweil brav die Klappe. Bis es die Kurzform raushaut. »Ja«, antworte ich. Dem erstaunten Gesicht nach braucht er einen kurzen Moment, um diese neue Erkenntnis einzuordnen. Scheint aber positiv anzukommen. Dann fragt er: »Bist du aus Berlin?« – »Hä? Nee, aus Hamburg!« – »Ach so, klang gerade so nach Berlin ...« Etwas gaga – so lerne ich Uwe kennen.

Meine Verabredung mit der Bank tausche ich wenig später gegen eine Verabredung mit dem neuen Nachbarn ein. Auch aus »einfach nur gucken und schweigen« wird nichts. Wir quatschen die Sonne in Grund und Boden und schauen dem Mond beim Aufgehen zu. Das zieht keine 84 Stunden nach Beginn meiner Einhand-Karriere einen lustigen Eintrag auf meinem Blog windwellen.de nach sich. Die Familie, die mit mir zusammen in den Hafen eingelaufen ist, schreibt: »Mit euch beiden Einhandseglern neben uns am Steg ist gleich etwas Weltumseglerflair in den beschaulichen kleinen Hafen eingezogen!« Prima. From Bockholmwik to Birkholm via the world.

Uwe hatte recht, seine AVANTI ist mit sechseinhalb Metern ebenso kurz wie HOBO. Aber abgesehen von der Bootsgröße eint unsere Segelvorhaben nur die Tatsache, dass wir beide auf den Wind angewiesen sind. Der erscheint am darauffolgenden Morgen nicht zur Arbeit. Also optieren wir auf die Fortsetzung unserer Nachbarschaft. Fürs Protokoll: Am Steg liegen eine Dehlya 22 mit zähneklappernden

Winschen, in deren Winkeln vergessenes Kinderspielzeug herumfliegt. Daneben einträchtig eine Classe Mini mit zähnefletschenden Transat-Genen. Ein Boot, das für Atlantiküberquerungen konzipiert ist. Bis in den letzten Winkel ein Spielzeug für große Jungs. Und Mädchen. Wie ich später erfahre, will Uwes Bekannte Lina Rixgens mit einem solchen Boot an der Mini-Transat 2017 teilnehmen. Einhand. La Rochelle–Karibik auf 6,50 Meter GFK. Über Deck hochgerüstet, unter Deck eher spartanisch eingerichtet. Anders als Uwes »Schöner Wohnen«-Innenausbau mit dem Mini-Transat-untypischen Pumpklo, das downwind im stillsten aller Winkel mit 10 Knoten übers Kattegat brettert. Meine Pütz schafft es nur auf 4 Knoten. Uwe ist auf dem Durchmarsch nach Schweden. »Mit einem Stopp.« Mein nächster Halt dürfte irgendeine Kleininsel um die Ecke sein. Lyø. Oder Avernakø. Auch mit einem Stopp. Jeder, wie er kann.

Irgendwann am Nachmittag sitze ich auf meinem Vorschiff und lasse die Beine über die Süllkante baumeln. Dabei betrachte ich AVANTI. Mich umweht gerade meine Wäsche, die ich zum Trocknen mit bunten Klammern an den Relingdrähten festgesteckt habe. AVANTI umweht die Aura von nächtlichen Kattegat-Querungen, Silverrudder und Code-Zero-Gischt, eben der Welt, aus der Uwe mir gestern Abend berichtet hat. Aber trotz langer Etmale, aktivem AIS und ISAF-konformen Ruderblättern in Fluo-Orange können AVANTI und Uwe offenbar auch langsam. In einem kleinen Video zeigte er mir die Classe Mini in der Flaute treibend. Ein junger Schweinswal spielte minutenlang im klaren, grünen Wasser neben dem Boot. Hier, im Kleinen Belt. Ganz so unterschiedlich scheinen unsere Welten doch nicht zu sein.

Uwe schaut aus dem Niedergang und lacht, als er mich sieht. »Ich habe echt Respekt vor dem, was du machst. Das würde sich mancher Kerl nicht trauen.« Ich glaube, damit meint er das große Ganze. Nicht meine Unterwäsche, die in der Sonne trocknet. Aber ich bin grundsätzlich auch der Meinung, dass sich mehr Frauen aufs Boot trauen sollten. Dessous auf den Relingdrähten sehen einfach hübscher aus als über die Toppen geflaggtes Feinripp mit Eingriff.

»Hast du Hunger?«, fragt Uwe. »Lust auf das Restaurant?« Wir schlendern die wenigen Meter zur Hafenspitze. Ich muss an Marcs Abneigung gegen diesen

803

Uwe und AVANTI. Was unsere 6-Meter-50-Boote unterscheidet? Meines fährt mit Spielzeug herum. Seines fährt als Spielzeug herum.

10
OCTOPUSSY

Bei Uwe sah das dynamischer aus. In engen Kreisen holpert HOBO mit festgelaschter Pinne über die kurzen Wellen. Ich liege vor dem Ankerkasten auf den Knien und versuche vergebens, vier Fender zu verstauen. Alle aufrecht? Oder die großen hellblauen liegend, die kleinem dunkelblauen daneben klemmen? Letztes Jahr hat das doch gepasst! In jedem Wellental jault die Schraube des Außenborders asthmatisch auf. Mein blauer Lifebelt will mich zurück ins Cockpit zerren. Moment noch. DER. BLÖDE. DECKEL. GEHT. NICHT. ZU!

Die zwei kleinen Tonnen von Mommarks Hafenansteuerung ziehen zum siebten Mal im Augenwinkel vorbei. Oder zum achten Mal? Wenn das so weitergeht, speie ich gleich über den Relingdraht! In der Zeit, die ich zum Ausklarieren benötige, wäre Uwe vermutlich schon im benachbarten Fynshav und säße mit einem Kaffee im Cockpit.
Ein verhaktes Fall und eine Patenthalse später nehme ich Kurs auf Ærøs Nordspitze. Die liegt in 35 Grad. Glaube ich. Jedenfalls war es irgendetwas mit einer Fünf am Ende. Da ist Land. Etwas verschwommen. Grau und diesig, aber eindeutig eine Landspitze. Es lüftelt mit 3 Windstärken aus Nordwest. So, Kleiner Belt, jetzt bist du fällig!

Kann man sich im Kleinen Belt verfahren? Auf den popeligen 13 Seemeilen zwischen Mommark und Søby? So allmählich müsste sich Skjoldnæs-Leuchtturm über der Küstenlinie abzeichnen. Aber von dem Turm fehlt jede Spur. Seit fast einer halben Stunde karriole ich nun auf die verwaschene Kontur in 35 Grad zu. Langsam kommt mir das Spanisch vor, und weil das so ist, klettere ich unter Deck, um einen Blick auf die Papierseekarte zu werfen. Ich hätte sie gleich mit ins Cockpit nehmen können, aber auf der Salonkoje macht sie sich auch sehr dekorativ. Das Tablet verbanne ich bei der Gelegenheit ins Souterrain, denn im Freien ist die digitale Seekarte schlicht nicht lesbar. Da sitze ich also auf der Kochkiste, die Karte auf den Knien, und suche nach einem Ausweg aus all dem Grau am Horizont.
Es klopft an die Bordwand. So ein Blick auf die Karte ist wirklich sehr erhellend. Rasmus taucht als Loriot verkleidet neben dem Boot auf und hievt einen Musterkoffer ins Cockpit. »Guten Tag Frau Neumann, ich habe hier eine Grau-Kollektion mit 28 Farbtönen in jeder Qualität. Sie werden bestimmt zufrieden sein, schauen Sie mal: Hier Lyø, ein niederschmetterndes Nebelgrau in 35 Grad, das kennen Sie ja schon. Und dort, nur wenige Grad weiter, die Halbinsel Knolden in strahlendem Staubgrau. Gleich daneben das bezaubernde Bleigrau Bjørnøs. Aber vielleicht bevorzugen sie das atemberaubende Aschgrau Avernakøs oder das angenehme Anthrazit Ærøs?« Bisher war ich der Ansicht, dass Gradzahlen gern überbewertet

werden. »Danke, ich nehme das Anthrazit!« – »Da haben Sie eine gute Wahl getroffen. Sie werden sicher zufrieden sein!« Rasmus lächelt sein schönstes Vertreterlächeln. Mit dem Satz »Skjoldnæs-Leuchtturm liegt übrigens in 75 Grad!« verabschiedet er sich und verschwindet prustend im Kleinen Belt.
Etwas beschämt ändere ich den Kurs um einige µ. In der Tat – nun sehe ich die Grautöne mit ganz neuen Augen! An dieser Stelle verspreche ich Seekarte und Kompass ewige Treue.

Als ich Søby am Nachmittag erreiche, hat sich der zementgraue Schleier auf meinem Gemüt wieder gelichtet. 13 Seemeilen Atlantiküberquerung liegen im Kielwasser. Keine weiteren Vorkommnisse, nur ein klitzekleines bisschen Kollisionskurs mit einer Fähre. Da habe ich es dem Kleinen Belt aber gezeigt!
So. Heil angekommen bin ich. Alles andere wird sich ... »Hallo, bist du Svenja?« ... finden. Ich habe noch nicht einmal alle vier Leinen belegt. Die Kontaktaufnahme geht ja fix hier in der Dänischen Südsee. Schon wieder Beine. Und was für eine kleine Welt, denn vor mir steht ganz analog Susi, die ich bisher nur via Facebook kannte. Mit von der Partie sind ihr Mann Willi und die Berner Sennenhündin Emma. Kurz entschlossen verabreden wir uns zum Grillen. Wenn das so weitergeht, wird Einsamkeit in den kommenden Wochen nicht zum vorrangigen Problem werden.
In der gemütlichen Grillecke des Hafens wälzt sich Emma im Schatten einer Hecke. Der Duft von Salbei und Lavendel aus dem benachbarten Hochbeet mischt sich mit dem Geruch von Grillwürstchen. Wäre ich ein Hund, würde ich mich ebenfalls satt und zufrieden auf den Rücken rollen und mir grunzend den Bauch kraulen lassen.
Mit der Sonne sind die Farben zurückgekehrt, der Dunst hat sich aufgelöst, und wir beschließen, am nächsten Morgen gemeinsam einen Spaziergang nach Skjoldnæs zu unternehmen. So habe ich mir die Südsee vorgestellt: laue Abendluft, ein perlendes Bier, untermalt von dem unregelmäßigen metallischen TOCK, TOCK, TOCK des Hafenmeisters und dem Kreischen von Möwen.

Am nächsten Morgen fährt die Alsen-Fähre direkt durch meine Vorschiffkoje. Ich liege im wahrsten Sinne des Wortes in erster Reihe neben der Fährmole auf Platz 35 – die Boxennummer ist eine kleine Spitze von Rasmus –, da bekomme ich alles aus erster Hand mit. Den lärmenden Schiffsdiesel, die Borddurchsagen und die Fahrzeugentladung. Aber auch die skurrilen Typen, die als Fußgänger die Fähre verlassen. Mir ist ein Rätsel, warum so viele festlich gekleidete Menschen in Grüppchen auf der Mole herumlaufen. In meine Frühstücksvorbereitungen hinein höre ich vom Steg eine aufgeregte Frauenstimme: »Look! It's an octopus!« Spektakulär. Ein Krake im Hafen von Søby. Ich kann mir einen Blick nicht verkneifen und tauche aus dem Niedergang auf. Eines der Grüppchen ist zum Steg hinuntergekommen. Die Stimme gehört zu einer etwas drallen Frau. Dem Akzent nach ist sie Spanierin – con temperamento y pura raza. Ihr korallenfarbenes Cocktailkleid spiegelt sich im Wasser. Dort schwimmt also der Krake, auf den sie ihre beiden asiatisch aussehenden Begleiter unbedingt aufmerksam machen will. Die Anzugjacken lässig im Arm, blicken sie ebenfalls ins Wasser unter dem Steg. Ich schiele über die Reling. Nichts. Nur Ohrenquallen.
Sie hat mich entdeckt. »Excuse me. Is this an octopus?« Dass ich mit einem Kleinkreuzer zwischen Angelbooten liege, scheint mich als einheimische Kraken-Spezialistin zu qualifizieren. Ich klettere auf den Steg, folge mit dem Blick ihrem ausgestreckten Zeigefinger und muss schmunzeln. »No, it's just an ordinary – what the heck heißt »Ohrenqualle« auf Englisch? – ... jellyfish.« Eine Ohrenqualle mit vier bräunlichen Ringen und Tentakeln. Die Frau schaut mich fragend an, dann beginnt sie zu lachen. »Aah, you mean medusa!«
Die drei sind ein lustiges Gespann. In meiner Neugier fällt mir nichts Besseres ein als die Frage: »Are you on holiday?« Ist ja naheliegend, im Cocktailkleid Urlaub zu machen. Sie strahlt mich an und ergreift die Hand des einen Mannes: »No, it's our wedding today!«
Sie ist Portugiesin, er Nepalese. Da liegt die Eheschließung auf einer dänischen Insel natürlich total nahe. Ich lerne, dass Ærø für Heiratswillige so etwas wie das Las Vegas Dänemarks ist, nur viel schöner, und ihnen die kleine Agentur

Der Weg nach Ærø führt vorbei am bezauberndem Bleigrau der Dänischen Südsee.

11
KLEIDERSCHRANK UND EIMER

Ich habe die Fähre nach Avernakø zwar herankommen sehen, aber ihre Geschwindigkeit unterschätzt. Ein letztes Tonnenpaar trennt mich von der Faaborg Bugt. Liebend gern würde ich einen großen Schritt zur Seite machen. Aber wenn ich vor den Tonnen abfalle, stehe ich auf Bjørnø am Strand. Wenn ich anluve, fahre ich dem Schiff vierkant vor den Bug. Augen zu und durch. Also ab durch die Mitte, Luft anhalten, Bauch einziehen und eine Uwe-Gedenksekunde einlegen!

Ich zupfe nervös an den Schoten und erwische die Steuerbord-Fahrwassertonne so gerade eben vor der Fähre. Erleichtert rutsche ich auf den Randstreifen. Da wummert die weiße Wand auch schon an mir vorbei.

Ich bin da! Voraus liegen die Dächer von Faaborg, überragt vom gelben Glockenturm. Diesmal hat die Navigation also gestimmt. Ganz ohne nachträgliche Standortbestimmung anhand der viel zitierten Brötchentüte. Per Seekarte und ganz ohne Lese- und Rechenschwäche. Geht doch! Wie sagte Willi gestern so schön: »Immer einen Schritt nach dem anderen. Von Tonne zu Tonne!« Außerdem habe ich heute einiges über Nutzen, Risiken und Nebenwirkungen des Manövers »Beiliegen« gelernt. Prima Sache für einen ruhigen Blick auf die Seekarte. Um entspannt zu reffen. Oder für die Hafenvorbereitungen.
»Bist du sicher, dass du wirklich GESEGELT bist?«, wird Marc mich nach Ende der Reise fragen. »Oder hast du dich beiliegend von Hafen zu Hafen treiben lassen?« Auch für private Bedürfnisse ist das Manöver sehr zu empfehlen. Nur sollte man vorher noch einmal einen sorgfältigen Blick in die Runde werfen. Auch wenn das Pipi bereits in den Augen steht. Sonst knarzt im entscheidenden Moment womöglich das Funkgerät. Willis Stimme. Schön, wenn die Handquetsche wenigstens in Reichweite an der Hose hängt. »Svenja, alles in Ordnung bei dir?« Susi und Willi passieren mich mit ihrer Spirit 29 eben in einiger Entfernung und sehen mein Boot mit backstehender Fock treiben. »Jaaa!« – »Da bin ich ja erleichtert!«, antwortet Willi. Ich auch ...
In Sachen »Mission Mastrutscher« spaziere ich nach dem Anlegen zu »Båd & Motor« in der Nähe der Marina. »Lukket«. Geschlossen. Erst beim Blick auf das Schild mit den Öffnungszeiten sickert in mein Bewusstsein, dass es Samstagnachmittag ist. Ich habe das Gefühl für die Wochentage verloren. Blöd. Das Ersatzteil werde ich nicht vor Montag bekommen. Und auf den ersten Blick gehört ein Hafentag in Faaborg nicht zu den »Ten Things to Do Before You Die«. Etwas genervt trotte ich zurück zum Boot. Auf dem Weg zum Steg streicht Rasmus um meine Beine. »Mach dich locker!«, raunt er. Was will ich auch mehr? Sechs Tage an Bord, und

mein Zeitgefühl ist vom Winde verweht! Aus seinem Raunen wird bald ein raues Lachen. Am Himmel braut sich etwas zusammen. Nach einem schnellen Blick auf die Leinen verkrieche ich mich unter Deck. Wenig später wird es dunkel über Faaborg. Keine zwei Stunden nach dem Anlegen rauscht eine Gewitterfront durch. Ich bin erleichtert, nicht da draußen zu sein. Das heute war eine Punktlandung. Unter Deck liegen. In eine Decke gekuschelt eine köstliche Tasse dampfenden Darjeeling-Tee mit viel Zucker trinken. Alle Zeit der Welt haben. In Ruhe ein Buch lesen, während Rasmus draußen tobt. Zuhören, wie er sich immer wieder gegen die Bordwand wirft, all seine miese Laune durch die Wanten telegrafiert. Das ist purer Luxus. Das gehört unbedingt auf die Liste der zehn Dinge, die man im Leben gemacht haben sollte.

Faaborg gehört zu den etwas schickeren neuen Marinas. Es gibt geräumige Einzelduschen, einen kleinen Spielplatz und moderne Stege. Doch von Mommarks und Søbys Herzenswärme ist der Hafen Welten entfernt. Zwar klopft eine freundliche Hafenmitarbeiterin ans Boot und drückt mir eine Tüte mit Prospekten der Touristinformation in die Hand. Aber die persönliche Note fehlt dennoch. Die Hafenmarke kommt aus dem Automaten, Wasser und Strom am Steg werden von einer Plastikkarte abgebucht. Obwohl ich meine Verbraucher an Bord im Kopf durchgehe, bleibt mir ein Rätsel, wie viele Dänische Kronen ich für zwei Tage auf die Karte buchen soll. Und es braucht ein Studium, um Restguthaben und Kartenpfand später zurückzukaufen. Andere Segler scheinen ebenso daran zu verzweifeln. Zweien meiner Vorgänger mag das Kartengetue zu mühselig gewesen sein, die leeren Steckdosen zeigen herrenlose Kronenbeträge an. Das fällt mir aber erst auf, nachdem ich einen dritten Anschluss belegt habe. So kann man auch Geld an Seglern verdienen.
Häfen wie Søby sind auch nicht im eigentlichen Sinne schön. Dort wehen vom Fährterminal Abgase und Lärm herüber. Das Hafengelände ist eine Ansammlung nichtssagender Backsteinbauten. Der Versuch, es mit einem Kunstprojekt aufzuwerten, wirkt eher hilflos. Die Mitmach-Stationen sind verwaist, in einem

öffentlichen Setzkasten stapeln sich Abfälle. Trotzdem lebt die Marina von ihrem handgemachten Charme. Es gibt kleine Beete mit frischen Kräutern für die Segler. Der Hafenmeister Leo bleibt auf seiner Runde lange an den Booten stehen, hält einen Schnack, verteilt Ratschläge an die Gäste und Leckerlis an deren Hunde. Er ist ein Schatz. Als ich ihm erzählte, dass der Tankautomat meine Kreditkarte verweigert hatte, nahm er mich am Arm, zog mich zur Tankstelle und schob seine private Geldkarte in den Schlitz. »Dasss probieren wir jetzt ausss!« Doch die Maschine war kaputt und spuckte auch sie wieder aus. Es sind diese Kleinigkeiten, die Søby liebenswert machen. Wenn an manchen Tagen eine bunte Prozession hüfthoher Inselbewohner vom örtlichen Kindergarten in Richtung des Spielplatzes zieht, wird klar, dass die Marina Teil des einheimischen Lebens und nicht bloß eine Einnahmequelle ist.

Faaborg bekommt am darauffolgenden Sonntag dennoch seine Chance. Der stramme Nordwestwind pfeift entlang der grauen Werfthallen, die sich zwischen der Marina und dem alten Stadthafen erstrecken. Kein Zweifel, dass mein Platz heute an Land ist. Neben den roten Fischerhütten hinter der Werft treffe ich auf wortkarge Fischer. An der Verkaufsbude der Hafenräucherei auf gesellige Einheimische, die auch die Gastronomie in der Innenstadt bevölkern. In den hübschen kleinen Gassen mit Stockrosen und in allen Gelb-Schattierungen getünchten Häusern herrscht gelassene Wochenendstimmung. Ich hätte Lust auf eines der angepriesenen »Frokost Menus«. Einige Restaurants locken mit dieser typisch dänischen Auswahl kalter Köstlichkeiten, aber allein inmitten der gut gelaunten Gruppen, fühle ich mich zum ersten Mal etwas verloren.

Am Eingang des »Klokketårn« verkündet ein Schild den Beginn der Sommeröffnung für den Folgetag, 11:00 Uhr. Schade. Von der Spitze des alten Glockenturms aus hätte ich gern einen Blick auf das Umland und die Bucht geworfen. Aber um diese Zeit will ich morgen schon fort sein. Wer die Saison erst Mitte Juni einläutet, scheint nicht viel Zutrauen in den Sommer zu haben. Zu Recht, wie es scheint. Das gestrige Unwetter hat die sommerliche Wärme von Mommark und Søby fortgeweht.

Mit zwei köstlichen Makrelenfilets von der Hafenräucherei im Handgepäck, kehre ich zu HOBO zurück. Trotz der Anonymität der Marina scheine ich unter Beobachtung zu stehen. Vom Boot gegenüber blickt mir mein Nachbar neugierig entgegen. Ich grüße ihn, in stiller Erwartung meiner Lieblingsfrage: »Bist du allein?« »Hast du da 'nen Kleiderschrank?« Ratlos schaue ich ihn an. Ich habe keine Ahnung, was er mir sagen will. Wenn hier irgendwo ein Kleiderschrank steht, dann ist er es. Seine breiten Schultern muss er sicher längs durch den Niedergang seines kleinen Bootes schieben. Aus den T-Shirt-Ärmeln ragen muskulöse, tätowierte Oberarme, darüber trägt er eine schwarze Lederweste und einen grauen Pferdeschwanz. Das bricht mit dem üblichen Bild in den Häfen. Mal keine MUSTO-Uniform. Eher Motorrad-Kutte. Sein Boot hat einen dänischen Namen. Frei übersetzt: »Eimer«, was von angenehmer Selbstironie zeugt. Denn so sieht es auch aus. Ein Stück der Süllkante ist weggebrochen, die Relingstützen sind windschief. Sein Eigner scheint sich nicht um optische Normen zu scheren, was ihn mir spontan sympathisch macht.
Ich stehe immer noch wortlos da. Vermutlich glotze ich ebenso dämlich wie ein Frischfisch in der Theke der Hafenräucherei. »Dein Boot da, ist das ein Kleiderschrank?!« Was zum Henker will der Typ? »Na, ich meine, ist das eine LM?« Ich schaue wohl immer noch nicht besonders geistreich. »LM steht für ›Lunderskov Møbelfabrik‹. Bevor sie Boote gebaut haben, haben die Schränke gemacht!«, erklärt er schließlich.
Das wusste ich nicht. Aber mir ist mittlerweile klar, dass die Leute »Einhandsegeln« mit »Erfahrung« gleichsetzen. Die meisten gehen davon aus, dass ich mein Segelwissen schon mit der Muttermilch aufgesogen habe. Doch was Bootshersteller und Bootstypen angeht, fehlt mir jegliche Allgemeinbildung. Aber der LM 22 bin ich in den letzten Tagen öfter begegnet. Sie scheint hier ein beliebtes Boot zu sein. Mit gespielter Entrüstung entgegne ich: »Also bitte! Mein Binnensee-Racer ist doch keine LM. Das ist eine Dehlya 22!« Was vermutlich so klingt wie: »Das ist ein Lamborghini!« Er lacht.
Und schon wieder sitze ich auf einem fremden Boot. Wir unterhalten uns einige

Zeit über das Woher und Wohin – die Lebenswege betreffend. Selten habe ich so schnell mit fremden Menschen so persönliche Gespräche geführt wie während dieser Reise.

Mein Nachbar ist Deutscher, arbeitet aber seit langer Zeit in Dänemark. Er wirkt besonnen, politisch interessiert und geschichtlich bewandert. Er scheint nicht der Typ zu sein, der sich in Stammtischparolen verliert. Trotzdem malt er ein ganz anderes Bild vom dänisch-deutschen Verhältnis, als meine bisherigen Begegnungen vermuten lassen. »Als Tourist bist du eine gern gesehene Einnahmequelle. Aber als Arbeitnehmer stellst du eine Konkurrenz dar«, meint er. Umgekehrt dürfte es auf der deutschen Seite der Grenze ähnliche Vorbehalte geben. Jedenfalls macht mir das Gespräch peinlich bewusst, dass ich von den politischen Vorgängen bei unseren nördlichen Nachbarn kaum eine Ahnung habe.

Zumindest ist es nicht zu übersehen, dass sich das Land im Wahlkampf befindet. Die Laternenmasten sind gepflastert mit Wahlplakaten. Und auch mit wenigen Sprachkenntnissen kann ich den Titelseiten dänischer Zeitungen entnehmen, dass die »Dansk Folkeparti« die Gemüter bewegt. Die nationalkonservative, EU-kritische Partei verzeichnet einigen Zulauf, entsprechend kontrovers werden die Prognosen für die bevorstehende Folketingswahl am 18. Juni in der Printpresse diskutiert. Zeitgleich rollt eine Flüchtlingswelle über Europa.

Hier in der Dänischen Südsee ist das alles sehr fern. Eine deutsche Zeitung kommt mir nur ab und zu zwischen die Finger. Und wenn, ist sie überholt. Internet habe ich nur dort, wo es freies WLAN für mein Tablet gibt. Das ist meist im Hafenbüro beim Havnefoged auf dem Schoß. Auch wenn die meisten Häfen mit freiem Netz werben, reicht es selten bis ins Boot. Mein Handy ist ein einfaches Tastentelefon. Dahinter steht die Idee, auch bei Sturm, überkommendem Wasser und mit teilamputierten Fingern schnell die Kurzwahltaste für das MRCC Bremen oder Lyngby Radio zu erwischen. Mein Backup für die Handfunke. Diese selbst gewählte Informationsabstinenz hat durchaus ihren Reiz. Das Weltgeschehen, die Arbeit und der Alltag sind weit weg. Das gilt auch für Marc und die Kinder. Alles geschieht in der Gegenwart. Meine Pläne richten sich nach dem Wetter. Ich blicke kaum weiter als zwei, drei Tage. Es kommt sowieso anders. Allerdings sorgt der mediale Rückzug auch dafür, dass mich die Welt nach meiner Rückkehr auf allen Kanälen anbrüllt. So muss sich ein Außerirdischer fühlen, der das Pech hat, zur Hauptverkehrszeit in der U-Bahn von Tokyo zu landen.

Jetzt aber hocke ich mit einem sozialdemokratischen Altrocker auf einer platt gesessenen Salonbank und weiß davon noch nichts. Mein Nachbar rollt eine Seekarte aus. NV-Verlag, 2009. Nicht der neueste Stand. Aber so wie er berichtet, umschifft er hier jede Sandbank blind. »Wenn du morgen Richtung Svendborg Sund gehen solltest, werden bei Svelmø wahrscheinlich kleine Grundseen stehen«, kündigt er an. »Mach dir nichts draus. Das schüttelt ein bisschen, aber da kommst du durch.« Er gibt mir einen Abriss über die Fahrwasser und Häfen von Marstal bis hinauf nach Lundeborg.

Und da ist es wieder: Birkholm, Dreh- und Angelpunkt meiner Reise. »Und vor Birkholm brauchst du dich nicht ans Fahrwasser zu halten. Mit deinem Tiefgang kannst du auch quer nach Marstal rüberrutschen. Da sind Seegrasfelder. Wahrscheinlich wird dein Lot spinnen. Passt aber.« Die Hinweise auf die Grundseen und Häfen nehme ich dankbar zur Kenntnis. Aber ich bin mir nicht sicher, ob ich mit meinem 5-PS-Tohatsu die Seegraswiesen vor Birkholm vertikutieren möchte ...

Hyggelig, beschaulich, ruhig – ein Zustand, der mir eher fremd ist. Die Dänen wissen, wie es geht – das muss ich mir ansehen!

12
ICH HAB DIE HAARE SCHÖN

Rasmus hat mein Welpenschutzprogramm offenbar für beendet erklärt. Die ganze letzte Woche war ich bei moderaten Bedingungen mit maximal 3 Windstärken unterwegs. Heute zeigt mein Windmesser konstante 15 Knoten aus Nordwest an. Die Vorhersage für den Nachmittag und die kommenden Tage verheißt frischen bis starken Wind und Regen. Immerhin soll es wenigstens noch heute trocken bleiben.

4 Windstärken im Hafen. In Böen sind es da draußen sicher auch mal 5 oder 6. Zu zweit haben wir das schon einige Male gemacht, aber bei solchen Verhältnissen hört der Spaß mit dem kleinen Boot langsam auf. HOBO kann das, das hat er letzten Sommer vor Pøls Rev gezeigt. Aber kann ich das auch?
Ich hadere mit mir und dem Wetterbericht. Ich habe mir 20 Knoten – das sind obere 5 Windstärken – als Grenze gesetzt. Alle Dienste sagen Wind von über 20 Knoten für die kommenden Tage voraus. Wenn ich heute hierbleibe, dann sicher auch noch für zwei, drei weitere Tage. Der Gedanke ist wenig reizvoll. Aber was erwartet mich heute auf dem Wasser? Etwas nagt in meinen Eingeweiden. Es ist eher Unbehagen als Angst. Auf jeden Fall ist es ein Gefühl, das im Zweifel ein schlechter Ratgeber sein dürfte, sollte mir da draußen etwas passieren.
Unentschlossen lasse ich den Vormittag verstreichen. Im Stillen dankbar für den Aufschub, den ein Einkauf beim Brugsen und der ausstehende Besuch bei Båd & Motor bringen. Die nette Verkäuferin dort gräbt sich durch das Sortiment und schließlich durch die Schwarzbestände unter dem Kassentresen. Der kleinste Mastrutscher, den sie findet, ist noch zu breit für HOBOs Mastschiene. Ich stelle fest, dass es mir egal ist. Im Grunde muss ich darüber lachen. Wieder so ein Plan, der anders verläuft als gedacht.
Gehen oder bleiben? Hinter dem Wind erklingen schwach elf Glockenschläge. Saisonbeginn am Faaborg Klokketårn. Den schaue ich mir noch an. Mein kleines Dänisch-Wörterbuch übersetzt »Angsthase« mit »Bangebuks«.
Entlang der weiß getünchten Steinwand führt eine schmale knarzende Treppe über zwei Zwischenböden hinauf in die mit roten Schindeln eingedeckte Turmhaube. Eine letzte steile Stiege trennt die Etage vom Glockenspiel. Schwerer Holzgeruch füllt den Raum. Ich verharre am südlichen der vier kleinen Fenster, die hinaus auf die Stadt blicken. Unter mir liegt der Fährhafen, dahinter die kleine Insel Bjørnø. Die Landzunge am linken Fensterrand muss die Svelmø Trille sein, die der segelnde Kuttenträger gestern erwähnte.
Hohe Wolken jagen über einen strahlend blauen Himmel. Dort, wo sie sich vor die Sonne schieben, verdunkeln sich Land und Wasser für einen kurzen Moment.

Marina
DKK 150.00

Ich bin stolz auf mich. Die ersten Häfen liegen im Kielwasser. Und hier in Rantzausminde gibt es endlich auch die Bank, das Bier sowie den schweigenden Blick aufs Wasser.

13
WENIGER IST MEHR

In Rückwärtsfahrt hat HOBO doch etwas von einem Kleiderschrank. Vorwärts habe ich mich inzwischen mit meinem 5-PS-Flautenschieber arrangiert. Mit Hartruder an Pinne und Außenborder und etwas Gas dreht das Boot fast auf dem Teller. Da die allermeisten Häfen auf größere Boote ausgelegt sind und entsprechend breite Boxengassen besitzen, lässt sich HOBO so ganz entspannt manövrieren.

Sobald der kleine Quirl achteraus geht, sieht es etwas anders aus. HOBO verlangt nach einem wohlüberlegten Schub am Gasgriff, bevor er sich nach rückwärts bequemt. Wie heißt es so schön? »Die Dosis macht das Gift!« Es gilt, die goldene Mitte zu finden. Am Gashebel finden sich zwei Piktogramme: Schildkröte und Kaninchen. Standgas und Vollgas. Irgendwo dazwischen wird sich HOBO in Bewegung setzen und zuverlässig rückwärts fahren. Vorausgesetzt, die Dosierung stimmt. Die ist tagesformabhängig. Wie das so ist im Leben. Denn Wind und Strom verbunden mit dem Faktor Mensch ergeben jedes Mal einen neuen, interessanten Mix.

Die Schildkröte und das Kaninchen sind in ihrem Paarungsverhalten etwas speziell. Mit zu wenig Kaninchen krepiert HOBO unglücklich in Lee. Zu viel Kaninchen weckt das Monster im Kleinkreuzer. Dann wird HOBO Ruder so heftig angeströmt, dass Blatt und Pinne quer schlagen. Abgesehen von Zeugungsunfähigkeit beim vom Steuerholz tief getroffenen Rudergänger zieht das garantiert ein vermasseltes Manöver nach sich.

Das östliche Becken von Rantzausminde ist den kleinen Booten vorbehalten. Dort, wo ich eine freie Box gefunden habe, stehen die Dalben dicht an dicht. Auch wenn gestern vorwärts die Richtung war: heute muss ich erst einmal rückwärts. Ich kreuze die Finger hinterm Rücken und dann die beiden Tierchen am Gashebel. Das war nix. HOBO hüpft aus der Box wie ein Zwerghase auf Speed. Immerhin lande ich passgenau zwischen den Dalben gegenüber. Während ich einige Male sehr engagiert an meinem Maschinentelegrafen rühre, schießt das Boot zwischen den Dalben hin und her wie die Kugel in einem Flipperautomaten. Glücklicherweise klingelt es nicht. Es dauert etwas, bis der Motor und ich uns auf einen Kompromiss einigen können und mich die Schildkröte kopfschüttelnd hinaus auf den Sund schiebt.

Dort verneigen sich die Fahrwassertonnen gen Svendborg. Ich kann mich nicht aufraffen, jetzt gegen Wind und Strom aus dem Sund nach Skarø aufzukreuzen, obwohl es auf den ersten Blick machbar scheint. Gerade ziehen friedlich eine

Handvoll Segelyachten vorbei. Entgegen der Vorhersage schiebt der Nordwestwind seinen Fang mit nur etwa 3 Windstärken in Richtung Svendborg. Aber gereffte Segel künden von anderen Bedingungen außerhalb des Sunds. Daher ergebe ich mich gern der Strömung, die nach HOBO greift. Nur unter Großsegel lasse ich mich am Rande des Fahrwassers in Richtung Stadt ziehen.
Der kurze Trip ist trotz des bewölkten Wetters zu schön, um sich zu beeilen. Das ist Kaffeesegeln am Morgen. Ich trödele durch die Landschaft. Zu Hause, im Auto, beiße ich ins Lenkrad, wenn ich hinter dieser Spezies Ausflügler festhänge, deren Haarpracht meist ebenso Rembrandtsilber ist wie der fahrbare Untersatz – zu 99 % ein Opel Vectra. Aktuell bin ich das schwimmende Verkehrshindernis – fehlt nur die behäkelte Klorolle im Cockpit-Fond. Beim Skipper einer aufkommenden Yacht geht bei meinem Anblick offenbar der Stacheldraht hoch. Ich höre, wie Leinen vergebens geholt und gefiert werden. Amüsiert nehme ich zur Kenntnis, dass weder sein Vollzeug noch der Strom im Sund ausreichen, um ihn an meinem fockamputierten Kleinkreuzer vorbeizuschieben. Schließlich lasse ich ihn mit geschrickten Schoten passieren. Er hat nur ein knappes Nicken für mich übrig.

Ganz andere Emotionen scheint mein Gespann bei einem Ehepaar auszulösen, das mich mit seiner großen Najad kurz hinter der Svendborgsund-Brücke überholt. Er dreht sich zu mir um und mustert HOBO, lacht, winkt und gibt mir mit ausgestrecktem Arm ein »Thumbs up«. Dann stupst er seine Frau am Ruder an, die sich ebenfalls umdreht und mir zuwinkt. Zwar bleibt offen, was genau die beiden so begeistert, aber ich freue mich. Später treffe ich sie im Stadthafen von Svendborg wieder und frage nach. »Ach, wissen Sie, Sie in Ihrem kleinen Boot, das hat uns an unsere Anfänge erinnert. Wir hatten auch mal so eins, das hat immer sehr viel Spaß gemacht.« Ungewollt klingt es so, als sei ihr großes Boot eine Last.
Die schlechte Wettervorhersage scheint viele Crews nach Svendborg zu treiben. Den ganzen Tag über herrscht ein Betrieb wie auf dem Frankfurter Flughafen, gegen Nachmittag sind die Stege gut gefüllt. Zur Kaffeezeit sorgt eine Flottille von nicht weniger als 37 luxuriösen Motoryachten aus den Niederlanden für eine

Rushhour im Stadthafen. Nach dem Zweck der Reise gefragt, antwortet einer der Skipper: »Wir sind auf einer Abenteuer-Rallye rund Fyn.« Ich vermute, dass das Abenteuer darin besteht, vorab diese Anzahl zusammenhängender Liegeplätze zu buchen und das passende Wetterfenster zu erwischen. Meine englischen Nachbarlieger jedenfalls haben zweimal den Versuch abgebrochen, mit ihrer kleineren Motoryacht von Fehmarn aus die dänischen Inseln anzusteuern. Aber die Niederländer haben große Fußmatten, Porzellanteller und Champagnerkelche, sicher haben sie auch Stabilisatoren für ihre schwimmenden Villen. Ich habe Blechgeschirr, Gläser aus dem Ein-Euro-Laden und garantiert keine Liegeplatzprobleme.
Da entgegen der Vorhersage die Sonne scheint, mache ich HOBOs Cockpit mit einem Schaffell und einigen Kissen zur kleinsten und garantiert gemütlichsten Chill-out-Lounge am Platz. Um mich herum werden Tritthocker aufgestellt, die das hohe Freibord der Nachbarboote weniger hoch und damit bezwingbar machen sollen, andere Besatzungen hantieren mit den Gestängen ihrer Kuchenbuden. Schraubst du noch, oder relaxt du schon? Die Niederländer haben ein Problem. Das Eis für die kalten Drinks ist ihnen ausgegangen. Wie ärgerlich!

HOBO hat keine hohe Bordwand, an die man klopfen müsste. Ich sitze direkt auf Steghöhe. Mehrmals bleiben Leute neben mir stehen. Ihre Kommentare reichen von »Das sieht ja gemütlich aus!« bis hin zu den schon gehörten Erinnerungen an frühere, kleinere Boote.
Mich macht meine kleine, überschaubare Welt gerade sehr glücklich. Ich brauche nicht viel. Der größte Luxus ist ohnehin die Zeit. Wären wir gemeinsam mit den Kindern hier, müssten Marc und ich für Mahlzeiten und Programm sorgen, immer neue Kompromisse schließen. Ohne die drei kann ich später am Tag nach Belieben durch die Gassen der Altstadt schlendern, die Stille der Frue Kirke am Markt genießen und einer Glasbläserin in einem Hinterhof der Brogade über die Schulter schauen. Als ich Marc Fotos aus Svendborg schicke, schreibt er zurück: »Das ist Urlaubsmobbing!« Mein Gewissen meldet sich. Schließlich gibt Marc zu Hause sechs Wochen lang den Alleinunterhalter.

Weniger ist mehr. Das wird mir in Svendborg nicht nur beim Anblick der Größenverhältnisse am Steg deutlich.

14

ZEHNTAUSEND WEGE, DIE NICHT FUNKTIONIEREN

Sicher segeln die Leute hier Boote, die diesem Wetter gewachsen sind und schlauere Skipper haben. Drei Tagen Stadt reichen. Ich habe schließlich noch den Plan B in der Tasche. B wie Birkholm. Heute soll es westwärts gehen, bis Skarø. Für morgen prophezeit DMI ruhigeres Wetter. Dann kann ich endlich nach Birkholm übersetzen. Es wird ja auch langsam mal Zeit. Doch was in der Theorie nach einem prima Plan klingt, entpuppt sich in der Praxis als total bescheuert.

Als ich loskomme, ist der Strom im Sund schon in Richtung Westen gekentert. War da nicht etwas mit Wind gegen Strom? Ach, egal! Und wo ist der Wind überhaupt? Als ich vor dem hohen, bunt bemalten Dock am Hafenausgang die Segel hochziehe, fehlt von den 15 Knoten Wind, die ich eben noch im Hafen gemessen habe, jede Spur. Es ist gespenstisch ruhig. Der Gedanken ist kaum gedacht, als Rasmus dem Rigg wie aus dem Nichts eine kräftige Ohrfeige verpasst. Danach ist wieder alles still. Dann die nächste Backpfeife. So geht es weiter. Schon das kurze Stück bis zur Svendborgsund-Brücke ist spaßbefreites Segeln. Was den Wind anbelangt, ist der Sund eine verdammte Diva. Währenddessen schiebt die Strömung von hinten. 2 bis 3 Knoten, laut Jørgens gestriger Einschätzung. Kurz vor der Brücke schaltet Rasmus den Mixer zu. Ich meinen ebenfalls. Der Außenborder beschwert sich hustend über die zickigen, steilen Wellen. Im aufgewühlten Fahrwasser komme ich mir vor wie die Figur eines Super-Mario-Jump-and-Run-Spiels. Welle von vorn, etwas anluven, wegducken vor der Gischt – WUUSCH, Bö von der Seite, etwas abfallen und dabei möglichst den Brückenpfeilern fernbleiben. Ich sehe die Strömung um die mächtigen Betonsockel wirbeln. Bitte jetzt kein Windloch!
Hätte ich nur auf mein Bauchgefühl gehört! Noch einmal alle Verbraucher hochzufahren, die letzte Kilowattstunde meines Guthabens zu verballern und Rasmus eine lange Nase zu zeigen, wäre auch ein geeigneter Plan gewesen. Womöglich war ich wegen meines gestrigen Zusammentreffens mit Bine und Jörg etwas übermotiviert.

Gegen 8 Uhr klopfte Bine an die Bordwand. Draußen war Herbst, frische Luft hatte ich mit HELGE und Jørgen heute genug gehabt, also faulenzte ich mit Buch und Tee auf HOBOs Salonkoje und hörte dem Wetter beim Regnen zu. Als ich das Niedergangverdeck öffnete, um nachzuschauen, lachte mich Bine an – die Frau, mit der ich vor zwei Tagen von Boot zu Steg geplauscht hatte. »Hast du Lust auf einen Schluck Wein bei uns an Bord?« Was für eine Frage! Kurz darauf kletterte ich in ein Centercockpit, in das HOBO zur Hälfte hineingepasst hätte.
Der sehr gemütliche Abend lief unausweichlich darauf hinaus, dass wir die Wein-

gläser auf dem Cockpittisch beiseiteschoben und die Seekarte ausbreiteten. Jörg sah sich bei seiner Berufsehre gepackt – schon wieder war ich bei einem Nautiker an Bord gelandet. Zu dritt steckten wir die Köpfe zusammen, studierten die Stromtabelle, die gelb-orangen Prognosen von Windfinder, DMI sowie dem norwegischen Dienst yr.no und besiegelten einen amtlich abgesegneten Ausbruchsplan für HOBO und mich. Der schien mir wasserdicht, wobei Jörg Letzteres nie behauptet hätte. Denn auf dem Wasser leckt es immer irgendwo rein, vor allem in die Pläne, die man am Vorabend schmiedet.

»Du machst das schon, aber spiel nicht die Heldin!«, waren seine Worte, als ich mich heute Morgen bei den beiden bedankte und verabschiedete. Sie wollten früh ablegen, um westwärts nach Faaborg zu segeln. Ob ich ohne Jörgs Einschätzung losgefahren wäre? Oder hatte er mich schlicht überschätzt? Ich kann es nicht sagen.

KAWUSCH! 2 Knoten Fahrt über Grund. KAWUSCH! Eins komma fünf. KAWUSCH! Eins. Festgestampft. Mit jedem Einschlag rennt HOBO gegen eine unsichtbare Wand. Hinter der Brücke beginnen die Grundseen. Der Wind steht gegen den Strom. Ein Stück voraus warten zwei Gefahrentonnen und geringe Wassertiefen. Still verfluche ich erst mich, dann das Wetter und dann gleich wieder mich. Überhaupt bin ich mit der Gesamtsituation unzufrieden. Immer wenn sich der Bug senkt, schießt eine neue Ladung Gischt bis ins Cockpit. Ich wende unglücklich in eine Welle hinein und bekomme noch einen Schwall Wasser ab. Der Baum schlägt zu schnell um, HOBO holt heftig über, und die Schoten rauschen durch. Murphy's Law. Wenn es dumm läuft, dann richtig.

Mittlerweile habe ich mächtig Herzkammerflimmern. Es ist wohl besser, den Spielstand zu speichern, den Level neu zu starten und umzukehren. Der nun achterliche Wind schiebt HOBO trotz des Gegenstroms mit 6 Knoten Fahrt auf die Brücke zu. Eben noch haben unsichtbare Fäuste unermüdlich auf das Ruderblatt eingedroschen, jetzt liegt die Pinne in der Hand wie ein nasser Schwamm. Die Wellen laufen unter HOBOs Heck, weswegen das Boot wie ein besoffener nasser Pudel zwischen den Pfeilern hindurcheiert.

Hinter der Fahrwasserbiegung zum Industriehafen ist der Spuk plötzlich vorbei. Als säße Rasmus in einer Schaltzentrale und hätte hämisch den roten NOT-AUS Knopf gedrückt.
Aufatmen. Einem Impuls folgend, nehme ich die Fock weg und stoppe den Motor, um bitte schön gaaaanz entschleunigt Kurs auf den östlich liegenden Thurø Sund zu nehmen. Dabei entgeht mir leider das große schwarze Ding, das Kurs auf mich nimmt. Die Ærø-Fähre. Sie muss da durch, wo ich gerade bin. Einschlag in neunzig ... achtzig ... siebzig Sekunden.
Die zweite ruhmlose Niederlage des Tages. Kleinkreuzermaße bieten nicht nur einen beeindruckenden Ausblick auf die Unterschenkel der Stegnachbarn. Auch die Bugwellen aller Schiffe jenseits der 35 Fuß sehen aus wie die eines Zerstörers auf Feindfahrt. Das entspricht etwa der Seerohrperspektive von U 96 in *Das Boot*.

Das Boot gehört in einem Marine-Haushalt selbstredend zum Bildungsprogramm. Wenn zeitgleich ein JUSO-Taschenkalender seinen Weg ins Kinderzimmer findet, ergeben sich daraus interessante Debatten. Nie wieder habe ich meinen Vater so außer sich erlebt, wie nach der Durchsicht dieses Kalenders. »Soldaten sind Mörder«. Diese Überschrift zu einer Karikatur traf meinen Vater bis ins Mark. Darunter das Bild zweier Soldaten, umgeben von schwerem Geschütz und Handfeuerwaffen. »Ätsch, ich kann dich elfmal umbringen, du mich nur achtmal!«, ruft der eine dem anderen entgegen. Am nächsten Morgen entschuldigt sich mein Vater bei mir für seine heftige Reaktion. Und einige Jahre später holt er seine Paradeuniform aus dem Schrank, um bei der Wehrbereichsverwaltung die Verweigerung meines grün gefärbten Freundes durchzuboxen.
Jetzt gerade ist es echt blöd, dass der Herr Offizier sich seiner Verantwortung als Chefnavigator durch frühes Ableben entzogen hat. Andererseits würde er vermutlich dreimal täglich anrufen. »Hast du schon den aktuellen DMI-Wetterbericht abgerufen?« – »Ja, Papa, habe ich!« – »Und die nautischen Warnungen auf Kanal 18 mitgehört?« – »Jaaaa, Papa!« – »Und vergiss nicht, den Adenauer abends immer reinzuholen!« – »Jawoll, Herr Kapitän!« – »Und pass auf die Fähren auf!« – Ups.

Au backe! ... sechzig ... fünfzig ... vierzig ...
Der Leitende Ingenieur in meinem Kopf brüllt etwas. »ALAAAARM!«
Uwe dürften die Ohren klingeln. Vor den Fähren im Sund hatte er mich ausdrücklich gewarnt.
Anstatt mich einfach mit einer Halse oder Q-Wende aus der Schusslinie zu bringen, reiße ich wie besessen am Anlasser des Motors. Nichts. Scheißteil! Oh, der Notausschalter ist noch nicht wieder angeklemmt. Nervöses Fummeln. Immer noch nichts. Ich kann das Personal auf der Brücke erkennen. Können die nicht aufstoppen?!? ... dreißig ...
Aah! Der Vorwärtsgang ist noch eingelegt! Ich schubse den Schalthebel in den Leerlauf, zerre wieder am Starter. Mein Motorengeräusch mischt sich mit dem tiefen Wummern des Schiffsdiesels, während ich endlich Reißaus nehme.
... zwanzig ... zehn ... die Bordwand der Fähre zieht an mir vorbei. Sie ist mit Fahrzeugen bemalt. Eines trägt die Aufschrift »ÆRØ«. Drei hohe, blaue Buchstaben. Jeder davon gefühlt halb so hoch wie mein Mast. Mir reicht's!

Nach kaum mehr als zwei Stunden auf dem Wasser mache ich völlig gerädert in Gambøt fest. Der idyllisch gelegene Vereinshafen des Thurø Sejlklub hat keinen Hafenautomaten. Keine Codekarten. Dafür ein unverschlossenes Klubhaus, obwohl weit und breit keine Menschenseele zu sehen ist. An der Tür hängt ein Briefkasten als Kasse des Vertrauens. In einer Box daneben liegen Briefumschläge für das Hafengeld und Zettelchen mit dem Passwort für das freie WLAN.
Diese Verbindung zur Außenwelt spült eine E-Mail in mein Postfach, die mir etwas Selbstbewusstsein zurückgibt. Der Kapitän der MS HELGE schreibt: »Ich bin wirklich beeindruckt von deinen Segelferien. Du bist schon ganz besonders!« »Lieber Jørgen«, denke ich, »du hast recht. Ich bin schon ganz besonders ... bekloppt!« Jede Form der Aufmunterung ist gerade sehr willkommen! Wenigstens habe ich gleich im Sund auf die Fresse bekommen. Weiter draußen wäre doof gewesen!
Ich sende eine kurze Lagemeldung an Jörg und Bine. Ihre Antwort rückt mein Weltbild wieder zurecht:

»Hi Svenja,
vielen Dank für deine Mail – kam sehr gelegen!
Wir haben erlebt, was da im Sund westwärts los war, und versucht, dich über UKW-Sprechfunk zu erreichen. Leider ergebnislos. Ja, nicht jede Wetterprognose muss stimmen. Wir hatten zeitweise bis 27 Knoten. Im Mittel waren 17 bis 18 Knoten Wind. Auf der Linie Rantzausminde–Skarø mit heftigen Grundseen von 1 bis 1,5 Meter Wellenhöhe. Hervorgerufen durch den Strom! Das Boot hatte ordentlich zu kämpfen. Für dich wäre es wohl richtig schlimm gewesen. Insofern sind wir froh, dass du dich umentschieden hast und auf Nummer sicher gegangen bist!«

Ich kann also getrost meinen Frieden mit heute machen. Und mit mir. Doppelt gut. Wie hat der gute Thomas Edison einmal gesagt: »Ich bin nicht gescheitert. Ich habe 10.000 Wege entdeckt, die nicht funktionieren!« Ich habe ja noch über vier Wochen vor mir. Die 10.000 mache ich locker voll!
Fehler gibt es im Dutzend günstiger. Machst du einen, ist der nächste nicht weit. Heute war es gleich ein ganzer Sack voll Fehleinschätzungen. Strom, Wind, Besegelung, Fährverkehr. Die Möglichkeiten sind unbegrenzt. Aber am Ende zählt die eine richtige Entscheidung: aufhören, solange es noch geht. Und im Grunde ist es sehr lehrreich, herauszufinden, wie es NICHT geht. Alles andere wäre langweilig!

Die ÆRØSKØBING. Geliebter Feind.

15
KÖNNEN UNKEN SEGELN?

Einen Tag später. Der Mann steht auf dem Nachbarboot und blickt kopfschüttelnd an mir vorbei. Meint er mich? Komischer Vogel. So schlimm war mein vergeigter Anleger nun auch nicht!

Auf Rasmus ist mal wieder Verlass. Erst banale 5 Knoten anbieten, damit ich das bereits in Gambøt eingebundene Reff wieder löse. Und dann doch noch die 20-Knoten-Keule auspacken. Immerhin ist er seiner Richtung treu geblieben. Im Westen nichts Neues. Auf dem Weg hinaus aus dem Sund weht ein lang gezogenes »Ahoi« von der passierenden MS HELGE zu mir herüber. Ein uniformierter Arm winkt aus der Tür des Steuerhauses. Jørgen? Als ich ihm abends auf seine Mail vom Vortag antworte, schreibt er zurück: »Ich hatte gar keinen Dienst. Das war mein Kollege, der dich gegrüßt hat!« Es hat sich anscheinend rumgesprochen, dass ich hier mein Unwesen treibe. Muss mir das zu denken geben?
»Mariners are requested to watch out for a German Kleinkreuzer and navigate carefully.« Bin ich selber inzwischen Teil der nautischen Warnmeldungen auf Kanal 85 und habe es nur noch nicht mitbekommen?

Etwa eine Stunde nach dem Ablegen passiere ich die Gefahrentonne vor Vemmenæs, dem östlichen Zipfel der Halbinsel Tåsinge. Ein hoher Himmel, fliegende Wolken und das Spiel von Licht und Schatten begleiten mich aus dem Sund hinaus. Den achterlichen Wind und 3 Windstärken setzt HOBO in gemütliche Marschfahrt um. Lieblingsbedingungen. Meine. Und seine ebenfalls. Das muss genau die Art des Segelns sein, die dem Boot zu seinem Namen verholfen hat. Wind und Strom schieben HOBO ins Rudkøbing Løb, bis hierhin ist es eine entspannte Trittbrettfahrt.
Damit ist es an der Brücke bei Rudkøbing vorbei. Der Wind legt zu und kommt immer vorlicher. Das bedeutet Sportmodus für die kleine Dehlya. Ohne Sprayhood wandert jede noch so kleine Welle direkt bis ins Cockpit durch. Mit 500 Kilogramm Ballast und dem Stummelkiel hat das Boot den Winddrückern nicht viel entgegenzusetzen. Der Ruderdruck nimmt immer mehr zu. In jeder einfallenden Bö drängt das Boot nach Luv und fängt sich dabei Backpfeifen von der ekligen Hackwelle ein, die durchs Rudkøbing Løb läuft. Die Kombi aus Lage, heftigem Zug an der Pinne und Boxhieben in die Seite fühlt sich nicht gesund an. Ein Reff muss her.

dankend ab, es zieht mich weiter. Wobei die Sonnenwendfeier der bunten Inselgemeinschaft sicher ihren Reiz gehabt hätte. Daraufhin verabschiedet er mich mit zwei Flundern und den Worten: »Ich habe noch nie einen Erwachsenen mitgenommen. Du hast gar nicht gestört!« Das muss wohl ein Kompliment sein.

Die Sankt-Hans-Feier auf Strynø steigt
ohne mich – es zieht mich weiter.

16 AUFGELAUFEN

Nichts geht mehr. Ich stecke fest. Das habe ich jetzt vom impulsgesteuerten Segeln. Einige Stunden zuvor auf Strynø. Mein heutiger Impulsgeber heißt Henning. »Wo willst du hin?« Mit einem langen Blick betrachtet er meine kleine schwimmende Einraumwohnung. Immerhin mit Außenbalkon und fünf Meter Wasserlinienlänge. Mit einigen letzten Handgriffen vor dem Ablegen sortiere ich gerade das Stromkabel in den Ankerkasten und blicke auf: »Birkholm.«

Er schweigt kurz. Vielleicht braucht der nächste Satz einen Moment, um den Weg durch seine wilde Haarpracht zu finden. »Du kannst mit uns Sankt Hans feiern«, erneuert er seine gestrige Einladung zur Sonnenwendfeier. Ich klettere zu ihm auf den Steg. »Wenn ich noch einen Abend bleibe, fangen uns die Ohren zu bluten an.« Henning steht da in speckigen Gummistiefeln, kurz abgeschnittenen Jeans, fadenscheinigem Fischerhemd und lacht. »Stimmt, wir haben gestern ziemlich lange gesabbelt.« Er scheint meine Ablehnung als Wink zu verstehen. »Fahr nach Ristinge, da ist es schön ruhig. Aber die Hafenzufahrt ist versandet – halt dich dort zwischen den Pricken.« Ristinge für Kurzentschlossene. Warum nicht?

Die rot-weiße Ansteuerung des kleinen Ortes gibt sich bescheiden. Das Toppzeichen ist windschief, die Farben der Tonne wettergegerbt. Aber sie ist immerhin da. Die von Henning erwähnten roten und grünen Markierungen der Hafenzufahrt hingegen sind nicht auszumachen. Meine Seekarte offeriert mir einen Kurs von 200 Grad. Wird schon passen. Passt auch. Bis zur Mole. Dann gebe ich hart Ruder steuerbord, um das Heck des dort vertäuten Schleppers herum und weiter an der hellblauen Bordwand entlang. Der weiße Schriftzug LAURA MUNCK wandert im Augenwinkel vorbei – und stoppt jäh. Da sitze ich also. Festgefahren.
Die Hafeneinfahrt mit der erlösenden Kaikante ist kaum mehr als zwei Bootslängen entfernt. »Solo segelnde Frau in 22-Fuß-Kleinkreuzer blockiert Hafenzufahrt«, wird meine Statusmeldung an die Familie heute lauten. Als perplexes Stillleben hocke ich im Cockpit, halte die nutzlose Pinne fest umklammert und lausche den vergeblichen Vortriebsbemühungen meines Außenborders. Ich könnte mich ausschütten vor Lachen. Da sind sie! Meine verschwundenen Pricken! Einträchtig liegen sie nebeneinander auf der Mole. Klar! Warum sollten sie auch im Wasser stehen und ahnungslosen Fremden den Weg in den sicheren Hafen weisen? Die fehlende Betonnung ist dem Ausbau der Verkehrsanbindung geschuldet. Neben der LAURA MUNCK parkt wie ein klobiges Insekt ein Schwimmponton in der Hafenzufahrt. Am Ende eines langen Baggerarms ruht darauf eine Schaufel, die etwa die Länge meiner Konstruktionswasserlinie hat. Ristinge rüstet sich mit

Nassbaggerarbeiten für den Besucheransturm – für mich, also doch! – anlässlich der bevorstehenden dänischen Schulferien. Zwischen mir und dem gelobten Land liegt nur die Frage, ob ich aus eigener Kraft freikomme. Ich bin guter Dinge. Sollte HOBOs Hubkiel nach 90 Umdrehungen am Aufholrad immer noch im Sand stecken, ist der Pannendienst ja nicht weit.

Das Räumkommando hat mein Ungemach natürlich längst registriert. Wie auf Stichwort tauchen drei Gestalten an der Mole auf, direkt einer einschlägigen Bierwerbung entsprungen. Blaumann, Clogs, Strickmützen, verschränkte Arme, neugierige Gesichter. Es ist ein bisschen wie im Zoo. Ich weiß nur nicht, wer hinter Gitter gehört. Die oder ich? Wohl eine Frage der Sichtweise.

90 Winschkurbel-Drehungen später schwimmt HOBO in Schleichfahrt in den Hafen. Wie so oft sind zwei sprechende Beine das Erste, was ich beim Anlegen wahrnehme. Der geringe Freibord meines schwimmenden Untersatzes macht die Anlandung am Steg regelmäßig zur Kletterpartie. Die acht Beine einer Berner-Sennenhund-Crew, der festliche Unterbau eines portugiesisch-nepalesischen Hochzeitspaares und eine Classe Mini mit sportlichen Waden waren bisher die optischen Highlights. Henning in seiner abgeschnittenen Jeans wäre auch nicht schlecht gewesen. Aber der Herr Nautiker setzt ja lieber auf Annahmeverweigerung. »Ich habe dein vergeigtes Anlegemanöver gesehen. Jeder muss sein Schiff alleine beherrschen können. Und solange das einigermaßen planvoll aussieht, sprinte ich nicht zum Leinenannehmen los!« Seine Worte klingen immer noch in mir nach.

»Skal jeg hjelper dig?« Tatsächlich kommt mir ein Paar Clogs entgegen. »Tak – kan jeg ligger her?« Mein Blick geht in Richtung des Oberkörpers. Vor mir steht ein äußerst ansprechend gealtertes Ebenbild von Terence Hill. Blonde Haare, sehr blaue Augen, jungenhaftes Grinsen, getarnt im Blaumann. Glücklicherweise scheint Terence Hill meine Verzückung nicht zu bemerken. Er verneint. »Nej, det er ikke så god!« Den Rest verstehe ich nicht, doch seine italienisch ausladenden Gesten in Richtung Bagger und Sliprampe sprechen für sich. Tiefenentspannt nimmt er meine Vorleine und bedeutet mir, mit HOBO am Strick zu folgen. Währenddessen stelle ich mich in bröckeligem Dänisch vor und erfahre Mr. Hills Vornamen – Olaf. HOBO tänzelt eben nervös um sein Fischerboot herum. Als Choreografen eines rustikalen Bootsballetts verlegen heute Terence Olaf Hill und seine beiden Kollegen die kleine Flotte von Ristinge immer wieder außer Reichweite des Baggers. Meine ungeplante Soloeinlage war für sie eine kurzweilige Auflockerung. Schwanensee-Hafenkino auf Langeland, Italo-Helden in der Werbepause. Solosegeln eröffnet immer wieder neue Perspektiven.

Meine eigenen Alltagshelden warten unterdessen auf die abendliche Lagemeldung. Der Bericht sorgt für große Erheiterung. Wer Nachhilfe in Schadenfreude braucht, möge sich ein Beispiel an meinen Kindern nehmen! Albern und gackernd schmieren sie mir immer wieder die eben gebeichtete Strandung aufs Brot. Das Thema für den morgigen Frühstücks-Sitzkreis in Kita und Schule ist gebongt. Ich sehe Marc vor mir, wie er das Telefon, die achtjährige Finja und den sechsjährigen Marten am Ohr hängen hat. Wie er den Kopf schüttelt und einen stillen Stoßseufzer in die Südsee schickt. »Mann, Mann, Mann!« Er ist Kummer gewohnt. Als die kleine Dehlya 22 HOBO vor einem Jahr in unser Leben trat, sorgte meine Idee eines gemeinsamen Segelsommers für Schnappatmung. »Auf 22 Fuß? Zu viert? Du spinnst!« – Schon immer habe ich meinen Mann für seine diplomatische Art geliebt. »Ohne mich!« Diese zwei Wörter enthielten gänzlich ungewollt die Lösung meines Problems – so wurde am Frühstückstisch aus der Idee eines Familientörns ein Einhandtörn.

Was flockig daherkommt, war natürlich keineswegs so einfach. Die Frage der Kinderbetreuung war nicht geregelt. Ein Projekt bei der Arbeit noch offen. Die eigene Segelerfahrung, sagen wir: überschaubar. In den folgenden zehn Monaten habe ich Segelbücher gewälzt, den Fortbestand der einschlägigen Bootsausstatter auf Jahre gesichert und meine Mutter davon überzeugt, dass Piraterie in dieser Region der Welt kein vorrangiges Problem darstellt. Ich habe die SRC-Funklizenz erworben sowie ein DSC-Handfunkgerät, um es eventuellen Freibeutern im Notfall an den Kopf werfen zu können. »Die ziehen sowieso schreiend Leine, wenn du ankommst«, meinte Marc zu den Bedenken um meine persönliche Sicherheit. Denn

Ristinge ist für den Besuchersturm anlässlich der bevorstehenden dänischen Sommerferien gerüstet. Also für mich.

vor allem habe ich mein direktes Umfeld schrecklich mit meinen Plänen genervt. Diese Tropfenfolter an Ehemann und Arbeitgeber hat bis zum Moment meiner Abreise den Wasserstand im Kleinen Belt um mindestens einen Meter steigen lassen. Glücklicherweise lieben beide mich trotz meiner hartnäckigen Ideen. Na gut. Mein Arbeitgeber liebt mich vielleicht etwas weniger als mein Mann. Vielleicht sind sie aber auch beide froh, mich eine Weile los zu sein. Nun treibt mich der Wind seit drei Wochen durch die ständig wechselnden Blautöne der Dänischen Südsee. Drei weitere Wochen bleiben mir noch; die heutige Sonnenwendfeier ist auch der Wendepunkt meiner Reise.

Das schönste Geschenk, das meine Familie mir mit auf die Reise gegeben hat, ist Zeit. Rasmus, mein unsichtbarer Reiseleiter, darf sich nach Belieben gehen lassen. Ich kann getrost seinen nächsten Stimmungswandel abwarten. Poltert er schon beim Aufwachen ungehalten an die Bordwand, kuschele ich mich noch einmal in meine Decke. Zeigt er sich von seiner sonnigen Seite, zuckeln wir Hand in Hand weiter. Ich erlaube mir einstellige Etmale. Ich liege eine Stunde lang andächtig auf einem Holzsteg, lausche den Wellen und sehe zu, wie vor einer fernen Wolkenfront ein Regenbogen in den Himmel steigt und wieder vergeht. »Wer Zeit hat, hat den richtigen Wind«, kommentiert ein Charterskipper meinen Lebensstil. Er muss es wissen. Seine Kojenchartertörns folgen ebenfalls der Windrichtung, sind aber an wöchentliche Crewwechsel gebunden. Ich meine, ein wenig Sehnsucht aus seinen Worten herauszuhören. »Du hast außerdem fast immer Zeit«, machte er den Schwenk zur Seemannschaft. Von Menschen wie ihm lernte und lerne ich meine wichtigsten Lektionen, nicht nur für das Solosegeln. »Tu alles, um Zeit zu gewinnen. Denke voraus, schaue voraus, sei defensiv. Es ist keine Schande, umzukehren oder vor dem Wind abzulaufen.« Diese Hinweise stehen in jedem Lehrbuch. Erst mit meinem eigenen Untersatz unter den Füßen wird mir klar, welche Bedeutung diese Regeln tatsächlich haben. Vor allem aber reduzieren diese Erkenntnisse die Adrenalinausschüttung bei Hafenmanövern enorm. Geht es daneben, hänge ich mich eben erst einmal quer an die Dalben und kratze mich eine Weile am Kopf. Komme ich schließlich bei meinen Leinenhelfern am Steg an, ernte ich für meinen Soloauftritt oft unerwartet viel Empathie, Respekt und eine Prise Beschützerinstinkt, gerade von alten Salzbuckeln. Tatsächlich bitten mich einige Crews um Lagemeldung vom nächsten Hafen aus und sind froh, mich wohlbehalten zu wissen.

So viel Zuwendung tut gut und ersetzt ein bisschen die Familie – der versuche ich, die Erlebnisse, Begegnungen und Farben der Südsee abends am Telefon zu beschreiben. Ich schicke Fotos, Postkarten und Strandfunde. Oft steckt Marc bei meinen Anrufen mitten im täglichen Abendbrotwahnsinn, packt gerade einen Schulranzen oder erledigt den Haushalt. Meine Heldentaten nimmt er dann nur halb wahr. Die drei fehlen mir, aber ich vermisse sie nicht. Eine steile Lernkurve, schillernde Eindrücke, die manchmal urkomischen Begegnungen. Das geht nur ohne Familie! 90 Seemeilen und eine ganze Welt weit entfernt. Wann kann man endlich Lebensgefühl per SMS verschicken? Farben? Gerüche? Geräusche – wie jetzt gerade das Klopfen am Bugkorb?

»Klongklongklong!« Mein Westernheld steht am Boot. Mit einem frischen Wetterbericht für morgen. 23 Knoten Wind. »Du bleibst wohl hier!« Es ist eher eine Feststellung als eine Frage. Sein Begleiter, kräftig gebaut, Bart – nennen wir ihn Bud Spencer –, stellt sich als Baggerführer vor. Grinsend hält er mir eine Malzbierflasche entgegen. »Morgen grabe ich sieben Lkw-Ladungen Schlamm um dich herum aus. Wir müssen reden ...«

Der persönliche Nassbagger-Weckdienst gehört in Ristinge zum Service.

17
ANGEBAGGERT

DONG, DONG, DONG. Unter Deck klingt es, als würde jemand mit einer Bratpfanne gegen den Mast dengeln. Das Kabel der Topplaterne lärmt im Mast. Ab etwa 20 Knoten Wind schwingt es gegen die Innenwandung und erzeugt dabei ein nervtötendes Klopfen. Bisher habe ich noch keinen Weg gefunden, diesen Klopfgeist zum Schweigen zu bringen.

schwung, der den beißenden Qualm des Feuers durch den Hafen trieb – bis zum Schluss eine perfekte Inszenierung.
Heute sind der olle Rasmus und seine Wetterhexe Rumpumpel etwas verkatert. Die Möwen am Klint fliegen rückwärts. Beachdecke und Buch auch. So geht Sommerwetter auf Dänisch. Der Strandbesuch erfordert Offshorebikini und fellgefütterten Flip-Flops. Also schlage ich das spätere Mitfahrangebot der LAURA MUNCK-Crew aus und schnappe mir stattdessen mein Hightech-Fahrrad, um die sieben Kilometer zum nächsten Brugsen nach Humble zu strampeln. Zum x-ten Mal kaufe ich Verpflegung für Birkholm ein. Außerdem Kuchen für Bud Spencer und seine Buddys. Zurück geht es mit frischem Gegenwind. An einem Straßenstand lacht mich eine einhandtaugliche Portion Erdbeeren an. 15 Kronen in ein altes Honigglas. Fertig. Was für eine wunderbare Welt hier!

Zurück im Hafen klopfe ich bei der LAURA MUNCK an. Es gibt ein großes Hallo. »Pink Lady on board!« Mit einem Herrn Kapitän als Vater habe ich einige Schiffe und Steuerstände inspiziert. Bei diesem hier liegt der letzte Kammer-Durchgang offensichtlich etwas zurück. Die Sitzgruppe wird kurzerhand von Arbeitsjacken befreit, der überquellende Aschenbecher beiseitegerückt und die Vermessungspläne vom Tisch geschoben. Die Bude der LAURA MUNCK ist im Grunde die schwimmende Fortsetzung der Garage. Es klopft. Terence Hill hat den Kuchen gerochen und schiebt sich neben Bud Spencer auf die Bank. Vier Fäuste für ein Kaffeekränzchen. Die Hälfte der Unterhaltung bekomme ich nicht mit, weil die Jungs auf Dänisch lästern, vermutlich über mich. Trotzdem ist es eine lustige Runde. Wenn Bud Spencer nicht an Kleinkreuzern rumbaggert, betreibt er einen kleinen Bauernhof. Außerdem arbeitet er als Industrietaucher. Das nenne ich mal Out-of-the-box-Denken. Wer es versteht, drei so aufwendige Berufe nebeneinander auszuüben, braucht Gelassenheit und Köpfchen. Beides hat er, soweit ich es beurteilen kann. Vielleicht sollte er es mal als Management-Coach versuchen. Wenn mich die Reise eines lehrt, dann dass man sich nicht von Äußerlichkeiten leiten lassen sollte. Gold findet man im Dreck. Oder im verquarzten Steuerstand eines Arbeitsschleppers.

Nächster Halt: Birkholm. Oder kommt wieder was dazwischen?

18
PLAN B

Halbzeit.
Birkholm ruft.
Ganz laut.

Als ich morgens um halb acht aus dem Niedergang auftauche, wirft Ole mir ein gegrinstes »God Aften« an den Kopf. Er war schon bei seinen Netzen und ist seit dem Morgengrauen wach. Ich bin inzwischen in einer ganz anderen Welt, was meinen Biorhythmus anbelangt. Auch über Wochentage habe ich mir lange keine Gedanken mehr gemacht. Mir ist egal, ob es Dienstag, Freitag oder Sonntag ist. Die Wochentage spielen keine Rolle für mich. Nun rücken sie ausgerechnet zum bevorstehenden Höhepunkt der Reise wieder in mein Blickfeld. In einer SMS schreibt Frauke mir, dass sie morgen um 19:40 Uhr mit der Fähre in Søby ankommen wird. Dann ist morgen Freitag. Da ihr Playmobil-Katamaran indirekt schuld ist an meinen Visionen von Birkholm, versteht es sich von selbst, dass sie für ein Wochenende an Bord kommt.

Es fühlt sich sonderbar an, sich auf Uhrzeit und Ort festzulegen, wenn man sich seit drei Wochen vom Wind treiben lässt und die Antwort auf die Frage: »Wo fährst du morgen hin?« mit »vielleicht« beginnt. Genauso sonderbar ist es, dass ich Birkholm nun als Zwischenstopp und schnöden Sandwich zwischen Ristinge und Søby abhandeln werde. Aber egal. Ich drehe noch eine Runde durch den kleinen Hafen, um mich zu verabschieden. Mittlerweile ist es Mittag geworden. Früher komme ich selten los. Muss ich auch nicht. Denn das nächste Ziel liegt immer gleich hinter der nächsten Ecke. Zehn Seemeilen. Höchstens 15. Auch nach Birkholm ist es nicht weit. Zwei Stunden Segeln vielleicht.

Diesmal komme ich reibungslos an den winkenden Blaumännern und dem LAURA-MUNCK-Schriftzug vorbei. Kein Wunder: Die Jungs haben ja ausgeschachtet. HOBOs aufgeholten Kiel jedoch habe ich glatt vergessen. Ohne ihn hüpft das Boot wie ein Korken auf den Wellen. Während HOBO also mit festgelaschter Pinne auf die windschiefe Ansteuerungstonne zutaumelt, kurbele ich mir noch einmal einen Wolf. Das hätte ich schon im Hafen tun können. Na ja. Irgendwas ist ja immer.

Den Sprung von Strynø nach Ristinge ausgenommen, war das Wettergeschehen der letzten zehn Tage eine große Wundertüte mit viel Wind, Strom und Geacker. Ich traue dem Braten noch nicht so ganz. Doch Rasmus ist ausnahmsweise aus der

Ich sammle Steine und Schwanenfedern als Andenken für die Kinder zu Hause. Lauf immer weiter, bis ich irgendwann meine, dass die kleine Insel nun bald zur Hälfte umrundet sein müsste und der Rückweg damit länger wäre als der Weitermarsch. Denkste. Bis Sandhoved, dem südlichsten Zipfel, ist es noch eine ganze Ecke über den steinigen Naturstrand. Flip-Flops sind da nicht die erste Wahl. Hinter der Landspitze geht es zunächst wieder leichter voran, barfuß über einen schmalen Sandstrand. Dann patsche ich über eine feuchte Wiese, schließlich durch einen moddrigen Ufersaum, der mit jedem Schritt schmatzend die Badelatschen verschluckt. Mein Unterarm fischt mehrmals im Trüben. Gibt es hier eigentlich Salzwasserkrokodile?

Als ich endlich die Kabelbaken am Hafen sehen kann, versperrt mir eine Schilfgraswiese den Weg. Spitze. Zwischen der staubigen Inselstraße und mir erstreckt sich eine Koppel, auf der Jungbullen stehen. Zottelige, neugierige Viecher. Hochlandrinder auf Normalnull. Ob die tatsächlich so zutraulich sind, wie sie tun, möchte ich lieber nicht ausprobieren. Also schlage ich mich durch den schulterhohen Schilfgürtel und breche an der Ostseite der Hafenzufahrt verschwitzt, zerkratzt und von Mücken zerbissen aus dem Unterholz. Ich komme mir vor wie jemand, der aus der grünen Hölle des Amazonas-Regenwalds heraustritt und sich unversehens auf einer touristisch erschlossenen Lichtung wiederfindet. Da sage noch mal einer, auf Birkholm könne man jeden Punkt mit 500 Schritten erreichen! Mein Weg führt mich direkt zum Strand, wo ich die Klamotten abwerfe und mich in das wunderbare, saukalte Salzwasser fallen lasse, um all den Dreck abzuspülen. Verzeih, Birkholm, dass ich dich in 30 Minuten abfrühstücken wollte!

Und dann, irgendwann später, sitze ich mit einem Glas Wein in der Hand im kühlen Sand. Der unedle Tropfen vom Brugsen in Humble schimmert rubinrot im Glas, ist etwas rauchig im Abgang – von der Herkunft wohl eher neblige Nordlage – könnte aber köstlicher nicht sein. Die Sonne versinkt im Inselmeer. Genau so, wie Steffi es mir prophezeit hat. Im Schutze der Dämmerung gestehe ich mir dann doch noch ein kleines bisschen Stolz zu und schicke ein stilles Dankeschön an Marc, der da 250 Kilometer südsüdwestlich eine ganz andere Welt am Laufen hält. Mission accomplished. Plan B erfüllt.

Eiskalt und Ærødynamisch. Badestopp in der Bucht vor Ærøskøbing.

19

ÆRØDYNAMISCH

Es ist Freitag, 16:00 Uhr. Ich habe wieder auf Platz 35 festgemacht, gleich neben dem Fähranleger von Søby, und warte auf Frauke. Die Einkäufe sind gemacht. Das Boot ist aufgeräumt. Ich habe noch fast drei Stunden Zeit, um zu liegen und zu warten. Mittlerweile bin ich darin ziemlich gut. Zu Hause würde ich vor Langeweile durchs Haus tigern. Hier an Bord kann ich ausgestreckt auf der Salonkoje stundenlang die Rillen des vergilbten Dachhimmels betrachten.

Der strahlend blaue Himmel von heute Morgen ist inzwischen einem schweren Grau gewichen. Erstaunlich, zu welchen Kapriolen und Farben das Wetter immer wieder fähig ist. Meine Hoffnung, mit einem letzten Windhauch aus Nordwest von Birkholm nach Søby zu gelangen, hatte sich gegen Mittag schon zwischen den Nord- und Süd-Gefahrentonnen vor Drejø in Totenflaute aufgelöst. Der Himmel war immer tiefer gesackt, erst lichtgrau, dann graugelb im Restlicht der Sonne, schließlich hatten aschgraue Wolken die Sonne ganz verschluckt. Um mich herum spiegelglattes Wasser – wie ein schwarzes Seidentuch. Ich kann nur jedem empfehlen, bei der Gelegenheit einmal aufs Vorschiff zu klettern, nur so, und Quallen zu beobachten. Außerirdische Wesen in einem dunklen Paralleluniversum – der Blick über den Bug bei totaler Flaute gleicht einem Blick in die Tiefen des Weltalls. Das WUMMOWUMMOWUMMO der Fähre aus Ærøskøbing erinnerte mich an meine aktuelle Position, und daran, dass aus Svendborg sicher gleich die Schwester heranwummern würde, denn vor Drejø passieren die Schiffe einander. Daraufhin hatte ich meinen Außenborder angeworfen und mich diesmal rechtzeitig aus der Schusslinie gebracht. Als Gruß schickten die Fähren mir die langen Wellen ihres Kielwassers hinterher. Und ließen HOBOs windlose Rigg minutenlang schlagen, während ich mich mit schwarz-weiß gequirlter Hecksee nach Søby davonmachte. Nun liegt HOBO angebunden im Hafen, und sein Mast kitzelte eine betongraue Wolkendecke, aus der es eben anfängt zu regnen. 50 shades of grey. Wieder einmal.

Fraukes Öljacke leuchtet weithin sichtbar als gelber Klecks in all dem Grau, als die Fähre anlegt. Es ist dieselbe Öljacke, die sie mir vor zwei Jahren für die QUALLE geliehen hatte. Als Frauke vor dem Boot steht, staunt sie. »So klein hatte ich mir das gar nicht vorgestellt!« Sie hat HOBO bisher nur auf Fotos gesehen. Ich mag es so klein, HOBO hat alles, was ich brauche.
Frauke, die auch Finjas Patentante ist, hat kleine Basteleien der Kinder mitgebracht und berichtet vom Geschehen zu Hause. Die Wackelzähne und Beulen der vergangenen Tage sind mangels Internet komplett an mir vorbeigegangen. Marc hatte in unseren kurzen Telefonaten nichts erwähnt. Sicher, weil er es nicht

Wer später bremst, ist länger schnell ...

Mann verpasst mir den Einlauf meines Lebens, am Ende lässt er mich trotz aller Beschwichtigungsversuche völlig verdattert auf dem Steg stehen und verschwindet wutentbrannt unter Deck. Immerhin habe ich verstanden, dass es ihm nicht um sein Boot geht, sondern um seine Privatsphäre. Okay. Der Gute hat recht. Die Gasse ist fast leer. Aber deswegen gleich so stürmisch?

Anderntags ist der Wetterspuk vorbei. Die Dänische Südsee strahlt in voller Farbenpracht, als wäre das gestern alles nur ein sonderbarer Traum gewesen. Ich strahle nach dem gestrigen Zwischenfall gleich mit – der Schlauch ließ sich leicht reparieren – und versuche so etwas wie eine Entschuldigung beim Nachbarn. Aber der ist verstrahlt und überdies nanobeschichtet. Mit einem mauligen Kommentar lässt er mich abperlen und verschwindet grummelnd im Boot. Glückwunsch. Hier in der Südsee auf einen richtig mies gelaunten Menschen zu treffen, ist wie ein Sechser im Lotto. Wo kann ich die Million abholen?
Uns bleibt noch Zeit für einen Ankerstopp hinter dem Inselchen Drejø. In früheren Jahren wurden im Sommer Kühe mit Kähnen hierher gebracht; Almauftrieb auf Dänisch. Heute steht die Insel unter Naturschutz. Wir baden vom Boot aus und trinken Prosecco zum Kuchen, bis Rasmus der Meinung ist, dass es nun gut sei und Frauke an die Heimreise erinnert. Ihr Abgang gestaltet sich mindestens so sportlich wie unsere Ankunft gestern am Steg. Mit dem Bus begleite ich sie bis Søby. Der Fahrer hat in einem früheren Leben Kies gefahren – Äpfel rollen durch die Sitzreihen, die ersten Fahrgäste legen ihre Sicherheitsgurte an, und am Fahrbahnrand bleiben entlaubte Büsche zurück. Ausgesprochen ærødynamisch!

Anderntags ist der Wetterspuk vorbei. Die Südsee erstrahlt in voller Farbenpracht – auch noch bei Sonnenuntergang.

20
KÄFFCHEN?

In Søby wartet das Schiff bereits mit qualmendem Schornstein, als der Bus an der Mole zum Stehen kommt und die Türen mit einem Zischen aufgleiten. Es ist eine schnelle Verabschiedung. Als Frauke für ein letztes Winken an Deck erscheint, schiebt die Fähre sich bereits von der Mole weg, wenig später katapultiert der Bus mich schon wieder in Richtung Ærøskøbing.

Es gibt eine Reihe von Geräuschen, die für mich immer untrennbar mit diesem Segelurlaub verbunden sein werden. Da sind natürlich die Klänge, die von den Elementen herrühren. Klappernde Fallen, heulende Riggs, das Klatschen von Wellen an GFK-Rümpfen.. Und natürlich der unverkennbare Lärm der Fähren. Das ferne Wummern über dem Wasser bei Flaute. Das Surren ihrer Aggregate im Leerlauf, das besonders an stillen Abenden wie ein Geräuschteppich über dem Hafen liegt. Das dunkle Grollen der Hafenmanöver – quietschende Bordwände an Gummiabweisern, kreischendes Metall auf Stein. In Søby und Ærøskøbing sind diese Geräusche so allgegenwärtig, dass die plötzliche Stille auffällt, wenn zur Nacht die Maschinen ausgehen. Mit dieser Busfahrt nehme ich noch ein Geräusch in meinen Katalog auf: das Röhren eines atemlosen Dieselmotors, der auf der langen Geraden im Formel-1-Stil beschleunigt wird.
Frauke ist weg, mit Steinen von Strynø, Federn von Birkholm und Ærø-Bonbons für die Familie im Gepäck. Es ist still im Bus. Das mag am Fahrstil liegen. Eine Handvoll Leute klammern sich an ihre Sitze. Finja und Marten hätten ihren Spaß. »Schneller!« – ihr Gequassel wäre jetzt Balsam für meine Ohren, auch wenn ich es vermutlich schon nach zehn Minuten hassen würde. Da sitze ich also allein in meiner Sitzbank, sehe grüne Wiesen vorbeifliegen und dahinter immer wieder das grandiose Blau der Dänischen Südsee. Und fühle mich sehr verlassen, obwohl ich diejenige bin, die abgehauen ist. Da ist es also noch einmal, das Heimweh.
Zurück im Boot lässt sich mein ungebetener Gast in voller Pracht auf der gegenüberliegenden Salonkoje nieder. Es will bespaßt werden. Gern mit sentimentaler Musik. Das Heimweh scrollt durch die Playlisten auf meinem Laptop und macht es sich zu Heinz Rudolf Kunze bequem. »Bin weit gekommen, doch was soll ich hier? Mit Leib und Seele zu dir zurück ...«, schmachtet es aus den Lautsprechern, das Heimweh fühlt sich sichtlich wohl. Das ist ja nicht zum Aushalten! »Ich dreh mal 'ne Runde durch den Ort!«, versuche ich, mir Gehör zu verschaffen, doch das Heimweh ignoriert mich. Während ich aus dem Niedergang klettere, liegt es auf der Salonkoje und betrachtet verklärt die Maserung der hölzernen Vorratskiste, die unter dem Ausstieg parkt. HRK singt mir noch hinterher: »... fühl mich

MUMI

Vom segelnden Staatsdiener Jörg lasse
ich mich gern auf ein Käffchen verhaften.

Hier sind nur ich und mein luftgekühltes Ø-Mobil mit dem konservativen Wurstblinker.
Gammeln auf dem Strand ... die Tage ziehen ins Land ... Sonne auf dem Bauch ... so kann das bleiben. Doch dann muss Jörg sich langsam auf den Weg machen, um MUMI am Wochenende (es ist schon wieder Wochenende?!?) beim Vercharterer in Maasholm abzugeben. Damit entfällt einer von vielen möglichen Bleibegründen.
Und noch etwas zieht langsam am Horizont auf: meineRückreiseplanung.

Korshavn Bro. Noch so ein Lieblingsort. Und wieder mit 35.

21
RÜCKZUGSORT

Das Rückreisedatum steht unverrückbar fest. Mittwoch, der 15. Juli 2015. Danach beginnen die Schulferien, und ich werde für zwei Wochen mit den Kindern unterwegs sein, damit Marc durchschnaufen kann. Das ist der Deal. Zwölf Tage bleiben mir noch. Unglaublich. Da bin ich seit fast 30 Tagen auf dem Boot und habe erst einen Bruchteil der Inseln besucht. Alles, weil ich keinen Plan hatte. Aber nun muss einer her. Denn meine Freundin Karen aus London wird auf der Rückreise zusteigen. »Rückreise« ist ein unschönes Wort.

Den Flug nach Billund hat Karen schon vor drei Monaten gebucht, zu einer Zeit, als mir sechs Wochen unendlich lang vorkamen und ich eine feste Vorstellung davon hatte, in welcher Reihenfolge die Inseln bitte schön abzusegeln wären. Unhaltbare Utopie. Genauso lange ist es her, dass meine Mutter und Finja nach einer Mitsegelgelegenheit gefragt haben. Immer wieder habe ich sie inzwischen vertröstet. Wegen des wechselhaften Wetters. Weil ich zu weit ab vom Schuss war. Und nun, weil ich die letzten Tage frei in meiner Entscheidung sein möchte. Ich habe ein beißendes schlechtes Gewissen.

Schon wieder Ærø? Oder Alsen, wo ich die beiden aufsammeln könnte? Nee! Da will ich jetzt noch nicht hin. Das kann warten, bis ich Karen aufpicke.

Und dann fliegt eine SMS ein, die wieder einmal alles über den Haufen wirft. »Kommst du nach Søby?« Peter und Steffi sind mit ihrer Beneteau First SMILLA unterwegs dorthin. Also nicht Avernakø. Wenn ich so weitermache, gehört mir bald Platz 35.

An diesem Tag entsteht ein Foto von Steffi und Peter mit der SMILLA beim Einlaufen in Søby. Ein Jahr später wird es das Tourismus-Magazin *Ærø Guide 2016* zieren. Als ich es während eines Familientörns zufällig entdecke, sorgt mein schallendes Gelächter für verwunderte Gesichter an der Touristeninformation in Ærøskøbing ...

Die beiden schließen HOBO in die Arme. Und dann mich. Sie sind übrigens die Ersten, die ausdrücklich Marcs Leistungen zu Hause würdigen. So ausdrücklich, dass mich mein schlechten Gewissens drückt. Dabei sind die beiden doch schuld an der ganzen Sache!

Wo wir gerade bei der Schuldfrage sind. Auch die QUALLE meldet sich. Nachdem ich die erste Macke ins Boot und einen Flaggenstock abgefahren hatte, hatte Berni die Verantwortung für alle etwaigen Folgen unserer ersten Begegnung in Kiel weit von sich gewiesen. Aber ob ich nicht trotzdem am Dienstag nach Ærøskøbing kommen wolle? Das artet ja in Freizeitstress aus. Auf den letzten Drücker noch so viele Verabredungen. Nee, erst mal nach Avernakø!

Es ist Samstag früh, es ist schwül, und Nordrhein-Westfalen hat Ærø annektiert.

Like a HOBO. Wiedersehen mit Steffi und Peter nach fünf Wochen Wanderfahrt.

HOBO

Wetter ungeschützt ausgeliefert. Mein Gegenüber sieht mich zweifelnd vor dem Boot stehen. »Komm doch rüber. Ich rücke ein Stück zur Seite.« Nicht zum ersten Mal erlebe ich hier, dass andere Segler für mich mitdenken – und empfinde es nicht als aufdringlich. Also einigen wir uns darauf, dass er meine Vorleinen an Land behält, um sie mir auf der geschützten Ostseite des Hafens wieder an Bord zu reichen.

Die Mole von Korshavn Bro hat die Form eines lang gezogenen »L«. Während ich mich einmal um die Anlage verhole, kommen drei Yachten auf der Innenseite an. Eine davon schiebt sich direkt neben meinen künftigen Platz, und ihr Skipper hält mich ebenfalls für einen Neuankömmling. Er springt meinem Leinenhelfer bei. »Wir bräuchten viel mehr junge segelnde Frauen!«, begrüßt er mich euphorisch und ist schier begeistert von der dänischen Gastfreundschaft. »Das ist echt zuvorkommend, die eigenen Leinen anzubieten.« Schallendes Gelächter bei meinem edlen Beistand, fragende Gesichter bei den drei Crews aus Arnis und Anlass genug, die Sache mit dem Alter und der Leinenhilfe im Verlauf eines gemeinsamen Abends zu klären.

Die Wolkenformationen werden immer spektakulärer. Als es dämmert, schläft der Wind vollends ein – es ist die sprichwörtliche Ruhe vor dem Sturm. Aus den Niedergängen ragen Oberkörper, gebannt von dem Spektakel, das sich über uns zusammenbraut. Von Westen her ziehen Wolkenwirbel heran, die jedes Restlicht verschlucken. Die letzten Boote in der Bucht gehen ankerauf und streben eilig dem Hafen zu. Schließlich setzt der Wind wieder ein, gefolgt von Regentropfen. Binnen Minuten bricht ein Inferno über uns herein. Aus einem zarten, kühlen Regen werden innerhalb kürzester Zeit wahre Sturzbäche, die wie Geschosse in mein Niedergangsverdeck einschlagen. Blitze zucken über die Bucht, für Sekunden sind die Riggs als geisterhafte Schemen zu sehen, dann folgt Kanonendonner.

Ich verharre noch 15 Minuten auf meiner Kochkiste, gebannt von der zuckenden Dunkelheit hinter den Regenschleiern. Dann krieche ich in meine Koje und gleite schaurig schön ins Reich der Träume hinüber, während mich nur wenige Millimeter GFK vom Weltuntergang trennen.

Die Ruhe vor dem Sturm.

22
32 KNOTEN

Anderntags hämmert der Typ mit der Bratpfanne wieder auf HOBOs Mast ein. Daran, dass Rasmus einen binären Biorhythmus hat, habe ich mich mittlerweile gewöhnt. Eins oder Null. An oder aus. Mit den feinen Abstufungen dazwischen tut sich der Gute schwer. Der Sonne ist es egal. Sie scheint gegen die 6 Windstärken an. Hafentag. Heute ist kein Fortkommen.

Hafentage sind wahre Schatzgruben. An ihnen kann ich liegen, lesen, rumlungern. Aber dafür ist das Wetter heute zu einladend. Und da ein als Uwe, Henning oder Jörg verkleidetes Kleinod gerade nicht in Sicht ist, mache ich mich zu Fuß auf nach Mærsk Møllers Havn. Die traumhafte Bucht schreit förmlich danach, mir einen peinvollen Mix aus leichtem Sonnenbrand, Salz und Sandkörnern auf die Haut zu zaubern, den anschließend nur die kalte Gartenschlauch-Dusche von Korshavn Bro zu lindern vermag.

Ich nehme einen Umweg durch die Felder, der an einem rot eingefassten Schild endet. »Offentlig vej ender«, verkünden die Buchstaben auf der schmutzig weißen Metallplatte. Rasmus rauft durch die Büsche, jenseits des fliegenden Wassers liegen vor und auf Fünen die Svelmø Trille und Fjællebroen. Der kleine Hafen steht – noch unbesucht – neben vielen anderen auf meiner Liste. Aber die Wetterdienste haben mir zugetragen, dass Rasmus morgen im Koma liegen wird. So wie ich den ollen Seesack kenne, werden sie recht haben, auch wenn sie mit ihren Vorhersagen sonst gern mal danebenliegen. Und sehr wahrscheinlich wird er übermorgen aus diesem Koma hochschrecken und zum Abschied noch einmal die Schwarte krachen lassen, der verrückte alte Kerl. Er sollte mit seiner Schlafapnoe mal zum Arzt gehen. Also sollte ich morgen hier die Fliege machen.

»Alles rot auf Windfinder. Drei Tage lang. In der Spitze 35 Knoten!« Das waren heute Morgen am Telefon Bernis Worte. Drei Hafentage? Ich werde mich nach Ærøskøbing verholen. Dort gibt es WLAN, Duschen und Halbpension auf der QUALLE, die auch gerade die Gegend unsicher macht. Damit schließt sich mein Kreis. Am Samstag muss ich in Fynshav oder Mommark sein, um Karen für den Sprung in die Flensburger Förde aufzusammeln. Aus Fjællebroen wird nichts mehr. Ich könnte jetzt traurig sein. Aber noch bleiben mir acht Tage, es ist zu früh für dieses Gefühl. Und auch wenn der öffentliche Weg hier zu Ende ist: Da gibt es noch einen Schleichweg. Denn wie so oft in der Dänischen Südsee tut sich ein Pfad auf, wo man keinen vermutet. Egal, ob zu Wasser oder zu Lande. Immer lohnt es sich, in den verwunschenen Ecken und Winkeln nachzusehen, von denen

Auf der Linie Drejø – Ærøskøbing marschieren die Wellen bis zum Ruderstand der QUALLE durch. Vor einer Woche sind Jörg und ich hier bei lauem Wind und platter See entlanggedaddelt. Heute möchte ich mit HOBO hier für kein Geld der Welt durch.

Der Herr über den 25-Meter-Stagsegelschoner hat sich eben um ein Haar selbst von HOBOs Laufdeck ins Hafenbecken befördert. Tja. Bei so vielen Metern Länge über Alles kann man sich wie beim Poledance um einen Want herumschwingen. Da gerät so einiges in Bewegung, aber nicht das Boot. Aber versuch das mal bei einem Kleinkreuzer. Der Chef nimmt mein schwimmendes Zuhause genau unter die Lupe. »Das hast du ja ganz ordentlich gemacht!« Welch Ritterschlag! »Gut, dass du noch nicht so viel Segelerfahrung hast. Dann weißt du nicht, was alles schiefgehen kann.« Ja, der Mann ist ein echter Motivator.

Da kriecht also ein gestandener Nautiker auf allen Vieren durch mein Boot, durchforstet neugierig Schwalbennester, Kochkiste sowie Staufächer und mustert kritisch meine nautische Ausrüstung. Finn und ich haben uns mit angezogenen Beinen in die Ecken der beiden Salonkojen gedrückt und beobachten den Herrn Kapitän 500 BRZ amüsiert bei seiner etwas distanzlosen See-BG-Abnahme.

»Hätt' ich dich heut erwartet, hätt' ich Kuchen da!«, frotzele ich zurück. Bernis Geburtstagskränzchen habe ich glatt verschlafen. Er hatte angerufen, damit ich in den Stadthafen rüberkomme und aus der Torte springe. Doch ich habe das Handy nicht gehört. Meine Kochkiste bietet nur Kekse und Pulverkaffee. Wäre Jörg doch da. Er hätte diesen Verpflegungsengpass zu verhindern gewusst. Meine Industriepansche muss irgendwelche bewusstseinserweiternden Substanzen enthalten. Warum sonst erspinnen wir im Anschluss an Bernis Sicherheitsabnahme ein Finanzierungskonzept für mein nächstes Boot, das auf »Adoption im Erwachsenenalter« fußt?

»Du brauchst eine Luffe!«, ist Berni überzeugt. Der Herr steht auf schlanke, zeitlose Eleganz jenseits der 40 Fuß. Preissegment: Einfamilienhaus in begehrter urbaner Randlage. »Das Geld habe ich nicht!«, wende ich ein. »Dann lass dich doch adoptieren!« – »Mal ehrlich, würdest du mich adoptieren?« – »Auf keinen Fall! Du bist viel zu anstrengend!« Verstehe ich nicht. Er muss doch nur zahlen! Typisch Kerl. Großer Kahn. Große Klappe. Und dann kneifen.

Vor Abnahme durch die SeeBG
muss ich unbedingt aufklaren.
Weiberhaushalt nach 5 Wochen auf See.

23
FYNSHAV

»Das wird eckig, aber geil!« Berni grinst. Windtag drei und Rasmus ist immer noch nicht aus der Puste. 26 Knoten Wind stehen auf der Uhr, der Himmel hängt tief. »So, Hebel on the Table und über die Achterleine rausdrehen!« Ich bin zur Verabschiedung der QUALLE an die Mole im Stadthafen gekommen. »Und wehe, du bewegst dich hier weg!« Damit meint Berni nicht meine Position beim Ablegemanöver, sondern mein heutiges Fortkommen. Haha. Bei 26 Knoten. Guter Witz! Schön, was er mir so zutraut.

Wind Nordwest, Startbahn 03. Die QUALLE hebt mit einem dumpfen Grollen ihres MAN-Diesels ab. Ich kann sehen, wie die Crew beim Setzen des Großsegels mit verhakten Lazy-Jacks kämpft. Ein Stummfilm, unterlegt von Windgeräuschen. Groß, Klüver, Fock. Ein Segel nach dem anderen entfaltet sich schließlich. Als ich an HOBOs Liegeplatz ankomme, verschwindet der Schoner bereits hinter der Ansteuerung. Ziel Bagenkop.
Bis 19:00 Uhr am Abend flaut der Wind auf 10 Knoten ab, die Sonne bahnt sich ihren Weg. Karens Flieger landet morgen früh gegen 10:00 Uhr in Billund. Kurz überlege ich, ob ich dem Hafenmeister die 140 Kronen Hafengeld schenke und mich doch noch davonmache nach Fynshav. Aber dann käme ich in die Dunkelheit. Und auf Søby habe ich keine Lust. Was soll der Stress. Karen arbeitet in der City of London, dem Finanzviertel der Stadt. An Arbeitstagen drängen sich dort an die 100.000 Angestellte auf einer Quadratmeile. Vermutlich wird sie nichts dagegen haben, einsam auf einer Fährmole zu sitzen und eine Weile auf mich zu warten.

Am darauffolgenden Morgen krieche ich gegen sechs aus den Federn. Für meine Verhältnisse eine mörderische Uhrzeit. Noch schlimmer ist, dass es im Hafen bereits jetzt zugeht wie in Londons City. Nach drei eingewehten Tagen blubbern die Schiffsdiesel und Bugstrahlruder schon vor 7:00 Uhr morgens. Es ist ein wahrer Exodus – eine Rushhour mit Linksverkehr, Fähre, Kreuzfahrer und allem Schnickschnack, in die ich mich da einreihe.
Ja, Kreuzfahrer. Da liegt ein Traumschiff-Trumm namens AMADEA etwas abseits der Ansteuerung in der Morgensonne. Mit laufenden Aggregaten, gehalten von zwei Ankerketten. Ihre Shuttleboote ziehen an mir vorbei. Voll besetzt. Wie die Londoner Underground zur gleichen Stunde. Sie passieren HOBO zum Greifen nahe, aber in Sachen Reisekonzept sind sie Welten entfernt. Ich sehe Menschen in bunten Windjacken, mit Sonnenhüten auf dem Kopf und Kameras um den Hals. Im Ort werden sie einmal zum Markt hochlaufen und Fotos schießen. Vermutlich schaffen sie nicht einmal einen Abstecher zum Vesterstrand. Selbst wenn sie in einer der verwunschenen Seitenstraßen landen und ihr bis zum Ende folgen:

TOHATSU

Gegenan. Die Südsee will mich nicht ziehen lassen.
Ich muss mit Motor nachhelfen …

bringen sollte, und dem Stadthafen von Svendborg, wo man am Hafenautomaten sicher auch das Upgrade auf vierlagiges Toilettenpapier buchen kann, komme ich zu dem Schluss, dass es Fynshavs unaufgeregte Art sein muss. Fynshav ist Fynshav. Es bedient kein Klischee. Weder das vom »Shabby Lifestyle« noch das vom »Maritimen Schick«. Fynshav ist schlicht, einfach und schnörkellos. Ehrlich eben. Viel mehr gibt es zu dem Hafen nicht zu sagen. Das ist vermutlich der Grund, warum auf der Veranda des Hafenhauses drei alte Männer sitzen, auf den Kleinen Belt hinausblicken, schweigen und dabei sehr zufrieden wirken.
Vielleicht ist das Schweigen aber auch schlicht ihren Y-Chromosomen geschuldet. Auch wir blicken sehr zufrieden auf den Kleinen Belt hinaus, auf meiner Decke mit dem psychedelischen Blumenmuster sitzend, die in den letzten Wochen jeden Strand zwischen Bockholmwik und Birkholm gesehen hat. Aber WIR reden. Schweigend wäre der Trip auch nur halb so aufregend gewesen ...

Fynshav. Schlicht. Einfach. Schnörkellos. Mag ich.

24
POMP AND CIRCUMSTANCE

Das Sonntagswetter könnte man als »stets bemüht« bezeichnen. Sommer ist schließlich ein dehnbarer Begriff. Irgendwo zwischen den hohen Wolken ist auch mal der eine oder andere Sonnenstrahl dabei, wie es sich für den siebten Tag der Schöpfung gehört. Ansonsten ist es vor allem eins: windig. Zumindest für HOBO-Verhältnisse.

Zwischen 10 und 15 Knoten funkt das hektisch drehende Windrädchen im Topp an mein Bordinstrument. 4 Windstärken. Draußen zaubert der Nordwestwind die eine oder andere Schaumkrone auf den Kleinen Belt. Und ich bin genauso bemüht wie das Wetter.

Obwohl ich es besser wissen müsste, will ich es noch einmal wissen und habe einen Track um die Nordküste Alsens herum in die Mjels Vig programmiert. Fünf Wegpunkte, 20 Seemeilen. Der Computer errechnet fünf Stunden Segelzeit. Glatter Selbstbetrug, denn die Hälfte der Strecke liegt an der Kreuz. In unter acht Stunden wird HOBO uns nicht nach Mjels bringen.

Etmale unter 30 Seemeilen. Segelzeiten von »nur« acht Stunden. Jeder Dickschiff-Segler wird an dieser Stelle milde lächeln. Aber die kleine Dehlya 22 bringt es auf kaum mehr als vier Seemeilen im Schnitt. Damit ist Alsen-Rund ein Zwei-Tages-Törn. »I don't care!« Karen ist glücklicherweise einer der unkompliziertesten Charaktere, die ich kenne. Ich habe sie zuvor eingeschworen: auf das überschaubare Platzangebot, den Eimer in der Backskiste, den fehlenden Komfort und nun auf vier bis acht Stunden Kreuz gegen eine kurze Welle.

Dass sie anspruchslos reisen kann, weiß ich, seit unsere Familien Ende der 80er-Jahre einen gemeinsamen Sommerurlaub an der Costa Brava verbrachten. Zwei Lebenswelten trafen aufeinander. Im Kofferraum ihres roten Ford Granada Turnier verloren sich vier vereinsamte Sporttaschen – was reichlich Raum ließ für die Spekulation, wie die Familie drei Wochen mit deren überschaubarem Inhalt würde auskommen können. Unser weinroter Audi 100 hingegen war beladen bis in die letzte Ritze des Fußraums.

An Karens handlichem Rucksack dürfte es also kaum liegen, dass HOBO schwerfällig wie ein überladener Kleintransporter durch die Wellen des Kleinen Belts stochert. Das Boot arbeitet sich am frischen Nordwestwind ab, zunächst im ersten Reff, dann im zweiten, und hat dabei einen Wendewinkel wie ein Gartentrecker. Schon nach einer Stunde geht mir die Schleichfahrt schrecklich auf den Geist. Karen hingegen ist bester Laune. Ich versuche, mir nichts anmerken zu lassen, und schiele nach dem Leuchtturm von Taksensand rund eine Seemeile nördlich von

Pomp and Circumstance. Für meine Freundin Karen habe ich keine Kosten und Mühen gescheut.

radeuniform mit weiß bezogenen Kappen, glänzend geputzten Stiefeln und Blumensträußen im Arm, die Lanzen mit Schmuckbändern dekoriert. Das hier war erst der Anfang. Wie wird es weitergehen? Bilder von den schwedischen Schären, der Festung Hammershus auf Bornholm und einsamen Buchten im Baltikum geistern durch meinen Kopf. Oder Nordsee? Karen in London besuchen? Zu Wasser, versteht sich. Mit Familie? Wird das gehen? Ich weiß es nicht, aber meinem künftigen Größenwahn sind keine Grenzen gesetzt.

Home run. Der Himmel kennt keine Grenzen.
Mein künftiger Größenwahn auch nicht.

25
HOME RUN

In unserem Rücken wird Sønderborg immer kleiner. Bald liegt das Miniaturwunderland mit der einsamen Mühle von Dybbøl westlich des Als Sunds und den bunten, an den Hang geworfenen Häuserfassaden der Altstadt im Osten hinter uns. Ein von unseren Familientörns vertrautes Bild. Im Grunde bin ich schon zu Hause.

Am vorletzten Tag meiner Reise betätigt sich Rasmus noch einmal als ambitionierter Kulissenschieber und Beleuchter, was ja erfahrungsgemäß für interessante Spezialeffekte sorgt. Der olle Seesack kann großes Kino, ist aber nicht multitaskingfähig. Entsprechend wirr gestaltet sich die Wetterlage. Eben noch tränkt er die Förde in gleißendes Licht, dann fällt glitzernder Regen aus ausgefransten Wolken, die bei 15 Knoten Wind huschhusch an der Sonne vorbeizischen. Ungestüm, unbändig, das Wetter passt zu unserer Stimmung, HOBO hat Stallgeruch in der Nase und galoppiert mit 6 Knoten nach Hause. Home Run. So könnte es weitergehen, aber es sind nur 15 kurze Seemeilen, die viel zu schnell im Heckwasser verschwinden. Bald liegt Bockholmwik vor dem Bug. Die verschlafene schwimmende Trutzburg. Um 16:59 Uhr am 13. Juli 2015 trabt HOBO zurück in seine Box am Südsteg Nord, Nummer 17.

Vom Nachbarboot ertönt ein breites, freundliches »Moin!«. Ein untrügliches Zeichen dafür, dass ich wieder in Norddeutschland bin, in der Bucht der Ahnungslosen, wo das Mobilfunknetz nur bis zur benachbarten Anhöhe reicht. Karen und ich erklimmen den Hügel, um bei der Familie Vollzug zu melden. »Was machst du denn schon hier?!«, will Marc am Telefon wissen. Das ist eine berechtigte Frage. Wir wollten tatsächlich erst morgen zurück sein. Dann ergab es sich ein letztes Mal anders. »Ich wohne hier!«, entgegne ich. Schweigen in der Leitung. Ich kann Marc grinsen hören. »Aber nicht um diese Zeit! Komm erst einmal langsam an. Schnell wird's von alleine!« Es ist Montag. Wir einigen uns darauf, dass ich Mittwoch den Zug nehmen werde.

Unten im Hafen ist zwischenzeitlich der Buschfunk warmgelaufen. Drei alte Hasen aus dem Klub bleiben vor dem Boot stehen. Knorrige Kerle, die hart auf die 240 zugehen. Gemeinsam, versteht sich. Sie mustern HOBO, nicken anerkennend, grummeln Miniatursätze wie »Dolldreiste Sache!«. Dem ist nicht viel hinzuzufügen.

Für jemanden, der einhand segelt, habe ich ziemlich viel geredet in den vergangenen Wochen. Aber das Meer macht auch demütig und wortkarg. Rasmus schiebt die Kulisse für die Schlussszene ein. Die Bucht wird still und hüllt sich in goldrotes

Geschafft! Und glücklich ...

Auch Familiensegeln kann einfach herrlich sein ... wenn man das richtige Boot hat.

26
REVOLVERHELD – EINEN SOMMER SPÄTER

»Segeln wir heute
wieder Raumschiffkurs?«
Marten will wissen,
wo es hingeht.

Wir segeln seit zwei Wochen Raumschiffkurs. Raumschots. Am Wind wäre zu ungemütlich. Rasmus zieht nämlich alle Register seines Könnens. Er heult in den Wanten, verknotet unsere Fallen, klopft an die Bordwand, pfeift in unseren Niedergang. »Nehmen wir das erste oder das zweite Reff?« Die Frage ist zum Standard vor dem Auslaufen geworden. Heute ist der alte Knabe wider Erwarten gut gelaunt. Von Søby kommend, gleiten wir bei sachten 2 Windstärken am nordöstlichen Zipfel Avernakøs vorbei. Das Ziel ist Faaborg. Irgendwo voraus werden wir in das Fahrwasser des Faaborg Fjords einsteigen.

Wie es HOBO wohl geht? Seine 22 Fuß konnten mit der Wachstumskurve unseres Sohnes leider nicht mithalten. Das Boot hat sich nach ebenso vielen Besichtigungen ein neues Zuhause gesucht, auf dem Zwischenahner Meer, es brauchte wohl etwas Ruhe. Ich leide immer noch ein bisschen unter der Trennung. Aber wie singt Peter Maffay so schön: »Wenn ich geh, dann geht nur ein Teil von mir.« Dieses Mal hat Marc Fakten geschaffen und sich eine Neue gesucht. Eine Friendship 28. Mit Klo, Stehhöhe und Hundekoje. Die Reduzierung auf das Wesentliche ist mit Kindern eine Kunst. Nicht umsonst fahren Familien gern Kombis. HOBO ZWO ist ein verdammter GFK-Kombi. Ein Vernunfts-Vehikel. Aber langsam, ganz langsam, werden wir warm miteinander.

Wir kreuzen mein eigenes Kielwasser. Ungefähr hier, zwischen Avernakø und dem Inselchen Bjørnø holte mich im letzten Sommer Willis Frage nach meinem Wohlergehen vom Eimer. Ich erinnere mich gut an diesen Segeltag. Nicht nur wegen der Pütz. Auch wegen meines Seitensprungs mit der Fähre und der langsam aufziehenden Gewitterfront in meinem Rücken. Im Jetzt und Hier läuft alles ganz entspannt. Auf Steuerbordbug dippt das Großsegel leicht auf und nieder. Die rote Leine der Baumbremse ruckt mit jedem Schwung sanft ein. An Backbord füllt der Wind unsere riesige, ausgebaumte 80er-Jahre-Genua. Aus dem Vorschiff dringen Lego-Geklapper und das fröhliche Plappern der Kinder.

Das ist ein erhaltenswerter, aber sehr fragiler Zustand. Unsere durchaus liebenswerten Kinder sind sonst eher so laut wie eine Büffelherde. Nach unseren Maßstäben erleben wir gerade einen der sehr seltenen Momente vollkommener Stille. Das bedeutet: achtsam bewegen, leise sprechen, flach atmen! Nichts soll den erleuchteten Zustand unserer Nachwuchsbesatzung stören!

Ungeachtet dessen verschwindet Marc unter Deck. Als er wieder erscheint, hat er in einer Hand unseren Bluetooth-Lautsprecher, in der anderen Gustav – so nennen wir unseren Autopiloten. »Gustav vor dem Wind?!?«, melde ich Zweifel an. »Das gibt eine Patenthalse oder krummes Kielwasser«. »Egal – ich habe Lust auf Musik!« Wenig später hat Marc den Lautsprecher und den Pinnenpiloten scharfgeschaltet. Aus der Box dröhnt der Revolverheld-Song *Bands deiner Jugend.* Mein Ehemann wippt mit dem Fuß. Das bedeutet, dass er gut gelaunt ist. Marc ist eher von der zurückhaltenden Sorte – wenigstens einer von uns muss es ja sein! Dann beginnt er, mit dem Kopf zu nicken. Das kommt schon fast Ekstase gleich. Er tanzt! Ein historischer Moment! Über Bord mit aller Achtsamkeit! Her mit den Achtelnoten! Gustav geigt uns im Takt an Avernakø vorbei, während wir ausgelassen durchs Cockpit hotten. Da geht die Tür zum Vorschiff auf. Marten steckt den Kopf heraus. Noch ein Revolverheld. Kommt er in Frieden, oder springt gleich Billy the Kid durch den Salon? Wann immer Finja oder Marten durch das Vorschiff-Schott treten, wird es spannend. Denn viel zu oft gleicht dieser Moment dem Höhepunkt eines Westerns.

Es ist der Augenblick, in dem der Bösewicht die Schwingtür des Saloons aufstößt und breitbeinig im Raum stehen bleibt. Im Mundwinkel ein Streichholz, die Hände auf Hüfthöhe, nahe am Halfter. Die Gespräche ersterben. Ein Klavier klimpert noch letzte Töne. Es ist still. Der Barmann holt seine Schrotflinte unter dem Tresen hervor, entsichert sie mit entschlossenem Blick. Dann bricht das Chaos los. Tische fliegen um, das Klavier zerbirst. Und am Ende ist das Interieur ein Fall für die Refit-Arena.

Das müssen wir verhindern. Wir hängen an unserem leicht schraddeligen Salontisch. Auch die mahagonifarbenen Schottwände mit ihren zahlreichen Schraublöchern haben wir sehr lieb gewonnen. Von der angelaufenen Plastikspüle mal ganz zu schweigen. Marc und ich halten inne. Er dimmt die Musik runter, während ich fieberhaft überlege. Mütter stecken im Gemütszustand der Stammbesatzung ja

MARINEPOOL
HYDRO
300

27
SPEED DURCH GESCHWINDIGKEIT

Als ich an einem Morgen Ende September 2016 zur Arbeit komme, klebt ein schmuckloser DIN-A4-Bogen am Drehkreuz zum Betriebsgelände. Etwas schief einlaminiert, mit der knappen Botschaft: »Betriebsversammlung um 9:00 Uhr, Kantine. Die Teilnahme ist verpflichtend.«

In grün-weißen Stuhlreihen sitzend, tauschen wir verkniffene Blicke aus. Der Flurfunk ist schon seit Monaten auf Sendung. Ich blicke in grün-weiße Gesichter. Viele Kollegen kenne ich seit fast 20 Jahren. Sicherheitsschuhe scharren auf dem Linoleumfußboden. Der ist auch grün-weiß. In großen Karos mit schwarzen und glitzernden Sprenkeln. Draußen scheint die Sonne.

Als Betriebsrat, Geschäftsführung, Personalleitung und vier unbekannte Herren in korrektem Anzugblau den Raum betreten, ist im Prinzip alles klar. Schon zweimal haben wir in den vergangenen 15 Jahren hier so gesessen. Aller guten Dinge sind also drei. Betriebsübergang. Verlagerung meiner Abteilung nach Neu-Isenburg. An die Ampelkreuzung gegenüber der roten Hochhausfassade. Da gibt es dann den freien Blick auf Balkon-Legebatterien. Was es da nicht gibt, ist der Blick auf einen freien Horizont.

»Offentlig vej ender«. Ich muss an das Schild auf Avernakø im vergangenen Sommer denken. Hatte darunter nicht jemand mit Bindedraht einen Pfeil befestigt? Die handgemalte Aufschrift lautete »Til Stranden«!

So kommt es also, dass ich im Mai 2017 nicht mehr in Hamburg im Büro sitze. Ich habe gekündigt und schreibe auf dem Boot in Dänemark an diesem Buch. Und: Wir sind umgezogen. Und das gleich in doppeltem Sinn: Die gute HOBO war zu klein, sodass wir eine Nummer größer geworden sind. Unser neues Familienmitglied – eine Friendship 28 – haben wir sinnigerweise HOBO ZWO getauft. Zu viel Veränderung tut nicht gut. Und: Mit eben jener HOBO ZWO sind wir liegeplatztechnisch umgezogen; auf die dänische Seite der Flensburger Förde, der Kinder wegen. Der Standortvorteil: Spielplatz, Strand, Shoppen mit Seeblick.

An einem dieser Abende schiebt AVANTIs Unterwasser-Code-Zero ein bekanntes Gesicht in den Hafen. Es ist Uwe, der vor zwei Sommern die erste meiner Reisebekanntschaften war. Ein echtes Déjà-vu. Der Sommer lässt sich gut an. Uwe bietet mir an, endlich einmal Classe Mini zu segeln. Doch weil am kommenden Morgen Flaute herrscht, bleibt seine Rennsemmel angebunden. Stattdessen lassen wir uns in unserer GFK-Familienkutsche im Kreis durch die Sønderborg-Bucht treiben. Idylle pur.

Auch Folkeboot-Jörg taucht wieder auf. Im Juni besucht er uns in Hamburg. Grinsend drückt er mir ein kleines schwarzes Päckchen mit einer cremefarbenen Papierbanderole in die Hand. »Kapitänskaffee«. Kräftige Röstung. »Der ist für Marc. Aber du darfst bestimmt mal kosten.« – »Nö!« Marc bringt die Sachen immer so schön auf den Punkt. Aber gut. Schließlich braucht er für die bevorstehenden Sommerferien einen zuverlässigen Herzschrittmacher. Es ist nämlich so, dass ich endlich meinen Willen bekomme. Noch mal sechs Wochen Segeln. Diesmal mit Familie. Ob HOBO ZWO mit vier Fuß Länge über Alles mehr als sein kleinerer Vorgänger automatisch auch für vier Fuß »Familienidyll über Alles« mehr sorgen wird? Es muss sich zeigen.
Es wird ein Törn wie richtig guter Espresso. Aufgekocht in Jörgs kleiner, silbermatter Espressomaschine für die Herdplatte, mit der er zwei Sommer zuvor in Ærøskøbing auf MUMI Tasse um Tasse des heißen Gebräus für mich und sich aufgebrüht hat – bis zum drohenden Herztod. Ein Törn, ebenso heiß und stark, wie es sich für echten Kapitänskaffee gehört. Denn Rasmus ist auch in diesem Sommer nicht auf koffeinfreien Kaffee umgestiegen.

Als wir Sønderborg am 22. Juli 2017 bei wechselhaftem Wetter verlassen, hängt ein handgemaltes Schild an der Bootstankstelle. »No Gasolin undtil Sonnday«. Es liest sich wie ein Erpresserschreiben an Rasmus: »Erst Sonne, dann Sprit.« Doch der alte Sack steht über den Dingen. Mein erster und einziger Sonnenbrand der Saison wird mich erst über einen Monat später ereilen. Wo ist der Klimawandel, wenn man ihn braucht? Der alte Mann aus dem Meer poltert und heult wieder einmal die Saison durch. Am schlimmsten ist seine feuchte Aussprache. Dazu knallt er mit Schotttüren, schubst alles durcheinander und liegt uns mit seinem nöligen Gejaule in den Ohren. Er kennt kein Erbarmen. Auch nicht in den Schulferien. Bald kann unser Nachwuchs nicht anders, als es ihm gleichzutun.

Immerhin, es gibt Lichtblicke. Den Ritt nach Norden durch den Großen Belt zum Beispiel. Von oben brezeln Sonnenstrahlen, von hinten Wind und Dünung. Ab und zu verschluckt sich der Bug in einem Wellental und schickt uns eine Ladung Wasser ins Cockpit. Immer wieder ist die Zahl 7 zu Gast auf dem Speedometer. Ein klares Todesurteil für den Mythos, das Gerät könne nur Zahlen bis 6,9 darstellen. HOBO ZWO surft mit dem nachgeschleppten Beiboot um die Wette. Gerade liegt das Beiboot vorn. Jamie Hyneman und Adam Savage aus der DMAX-Kultserie *Mythbusters* sitzen auf den roten Gummiwülsten und paddeln wie die Bekloppten. Bestimmt fliegt gleich irgendetwas in die Luft. Währenddessen spielen die Kinder in der stampfenden Vorschiffhölle mit Playmobil. Mich wundert, dass die nicht in einer Tour kotzen müssen. Testosterongeschwängertes Segeln. Mein Mann ist glücklich.
Auch die folgenden vier Tage, eingeweht auf Omø, sind gar nicht so übel. Bald bewerten wir Großen die Häfen in den Kategorien »Spielplatz« und »Aufenthaltsraum mit Küche«. Die Kinder bewerten die Häfen nach »Softeisbude« und »Aufenthaltsraum mit Fernseher«. Omø bekommt in allen vier Kategorien die volle Punktzahl. Und dann kracht es doch. Ausgerechnet in der hintersten Ecke des Smålandfahrwassers, dieser einladenden, scheinbar endlos schiffbaren Wasserfläche. Wären da nicht die unzähligen Flachs vor den Stränden der Inseln Seeland, Møn, Falster und Lolland.
Das Smålandfahrwasser bekommt übrigens auch fünf Sterne. Vor allem in den Kategorien: »Überall dort zu flach, wo man gerade drübersegeln will«, »Bist du dir sicher, dass es mit der Tiefe passt?« und »Du, wir haben 0 Meter! – Nee, da ist Seegras!«. Und das bei unseren popeligen 1,20 Meter Tiefgang. Nautisch betrachtet umschiffen wir all diese Untiefen. Aber zwischenmenschlich gesehen laufen wir auf. Alles weit, weit weg von zu Hause.
Wir rauschen nahe Vordingborg in dem kleinen Hafen Gåbense an der Südseite des Storstrøms aneinander. Der kleine Vereinshafen ist im Grunde nicht so schlecht, wie das Schild an der Tür des Sanitärhäuschens befürchten lässt, das dreisprachig den Weg in die Keramikabteilung weist.

»Toilet – Bad«
»Toilet – Bath«
»Toilette – Schlecht«
Danke, Google!
Nein, schlecht ist nach inzwischen drei Wochen Freundes- und Lego-Entzug vor allem die Stimmung unseres Stammhalters. Zudem regnet es mal wieder. Gåbense ist für Marten ein Geisterhafen. Windig, düster und zudem noch langweilig. Das Frollein Schwester hat ebenfalls Lagerkoller. Die mindestens eine Tonne Playmobil-Ballast im Vorschiff nerven sie. Und der Zeh juckt. Vermutlich. WLAN ist nicht. Die Akkus aller mobilen Endgeräte sind erschöpft. Die Eltern sind es auch. Blöde Bedingungen für einen ausgedehnten Segeltag. Aber wir wollen doch weiter! Raus ins Graue. Etwas östlich gabelt sich der Storstrøm. Vor uns liegen etliche Seemeilen durch den Bøgestrøm, bis Kalvehave oder vielleicht bis Præstø. Oder noch mehr Meilen durch den Grønsund in die offene Ostsee und weiter nach Klintholm. Welchen Weg einschlagen? Als wir Gåbense durch die enge Ansteuerung verlassen, reißt die schwere Wolkendecke kurz auf. Ein Strahlenbündel taucht das Wasser im Zusammenfluss der beiden Meeresarme in mattes Licht. Bøgestrøm also. Ein Fingerzeig.
»Einhand wäre jetzt entspannter«, rutscht es mir raus. Seit Tagen liege ich Marc damit in den Ohren, abzubrechen und die verbleibende Zeit einhand zwischen uns aufzuteilen. Diesen Gedanken habe ich jetzt einmal zu viel laut gedacht. »Dann mach doch. Ich bleib dann zu Hause. Die ganze Kacke nervt!« Marc ist sonst nicht der Typ, der so leicht ausrastet. Er legt hart Ruder. Statt in Richtung Bøgestrøm, schießt unser Boot gen Omø unter der Storstrøm-Brücke hindurch.
Ich starre die Seekarte auf meinen Knien an. Ich bin das Scheißwetter und Genöle leid. Knalle die Karte auf den Cockpitboden und reiße die Rosen, die Marc mir vor acht Tagen in Korsør zum Hochzeitstag geschenkt hat, aus ihrer Vase an der Reling. Sie sind noch erstaunlich frisch. Dennoch fliegen sie in hohem Bogen über Bord. Die Blätter taumeln wie bei einer Seebestattung achteraus. Ich bereue die Gemeinheit im selben Augenblick.

Während der nächsten halben Stunde schweigt Marc verkniffen den Kompass an, ich die Schotwinsch. Der Wind weht stramm aus Nordwest. Gegenan. Das – WUSCH – geht – WUSCH – gar – WUSCH – nicht. Zu viel Welle.
Ich muss da wohl was gutmachen. Ich drücke ein »Entschuldigung!« zwischen den Zähnen hervor.
Schweigen. Dann: »Du bist doof!« Marc hat recht. »Bøgestrøm?« Marc schaut mich fragend an. Ja, gute Idee. Familienurlaub. Zweite Halbzeit.
Nach einer weiteren halben Stunde passieren wir erneut die Storstrøm-Brücke. Im Vorschiff ist es ruhig geworden. Die Kinder haben von der elterlichen Entgleisung nichts mitbekommen. Revolverheld-Marten steckt bestens gelaunt seinen Kopf aus der Saloon-Tür, sieht die Brücke und sagt: »Oh, wir sind ja immer noch nicht weiter!« Marc und ich blicken uns an. Und brechen in schallendes Gelächter aus. Willkommen an Bord bei den Bekloppten.
Und dann wird es noch ganz schön auf Møn. Wir schaffen es tatsächlich bis Klintholm, umsegeln und besteigen die beeindruckenden Kreidefelsen von Møn, drehen die Runde nach Hause zurück via Gedser, Guldborg, Spodsbjerg sowie Bagenkop und erreichen zwei Wochen später nass geregnet Maasholm. Erstaunlicherweise gelingt uns all das, ohne dass einzelne Familienmitglieder einem rätselhaften Unfalltod zum Opfer fallen. Es geht also nicht nur einhand, sondern auch mit Anhang.
Allein abzuhängen ist trotzdem schön. Zwei Tage später – Kinder bei Omi, Mann glücklich mit sich und der Welt zu Hause – mache ich genau das, und zwar sehr gepflegt. Ich klebe quer an einem Heckdalben – diesmal in einer fast leeren Boxengasse in Søby. Es ist mein erster Einhandtörn mit dem großen Boot. Wie sich die Bilder gleichen. Bis auf die Tatsache, dass ich Søby als Hafen bereits kenne, kommt es genau so, wie vor zwei Jahren.

Am Morgen: Rumeiern nach dem Ablegen. Dann ein Großsegel, das wegen verklemmter Reffleinen nicht hoch geht. Gewurschtel. Schlangenlinien. Ach ja, und der Kartenplotter ist natürlich auch noch nicht richtig programmiert. Knöpfe

drücken und gleichzeitig steuern geht nicht. Ich fluche. Wo ist Gustav, der SCH... Pinnenpilot? Der liegt noch unten, die faule Sau. Ganz weit weg. Stoße mir beim Niedergang-Tieftauchen den Kopf. Patenthalse. Blaue Flecken. Blöde Windrichtung. Platt vor dem Wind. Wie baumt man einhand eine 80er-Jahre-Genua aus? Das Ding ist gefühlte 1.000 Quadratmeter groß! Das Boot übersteuert auf diesem Kurs unter Autopilot wie ein besoffener Elefant. Ich kämpfe mit dem fast vier Meter langen Ausbaumer im Anschlag gegen das Vorsegel und komme mir vor, wie Don Quichotte beim Kampf gegen die Windmühlen. Vermutlich sehe ich auch genauso aus. Am Ende komme ich zu dem Schluss, dass die Natur das ganze Gehampel bewusst so eingerichtet hat. Damit ich nicht übermütig werde. Das sichert die Arterhaltung.
Bis Pøls Rev hat sich alles eingeschüttelt. Die Ecke hält heute unseren Waffenstillstand ein. Ich sehe Ærø und, man soll es kaum glauben, den Leuchtturm Skjoldnæs, es läuft, der Wind nimmt zu, aber: Reffen tut not. Nur ein paar klitzekleine Schlangenlinien und einen 360er später ist die Höhe für einen Anlieger nach Skjoldnæs futsch. Shit happens.
Vor Skjoldnæs endlich die erste Inselfähre. Ich springe zur Seite, freundlich unterstützt von den mittlerweile 5 Windstärken. Die habe ich auch beim Anlegen in Søby auf meiner Seite, nämlich an Steuerbord. Da hänge ich nun, vom Winde verweht. Pläne sollte man zu Ende denken. Ich Fuchs habe die Leinen auf die Mittelklampen gelegt. Ich wollte meine Strippen ganz lässig über die Dalben zimmern und dann ganz entspannt eindampfen. So weit ein guter Plan. Dumm nur, dass die Stricke zu kurz belegt waren. Immerhin habe ich die Luvleine noch mit Not drüberbekommen. Jetzt hole ich mein Lasso raus und spiele Cowboy und Indianer.
Meine Leine ist immer noch zu kurz. Und Dazulernen offenbar nicht meine Stärke. Ich hole schwereres Geschütz aus der Backskiste. Am Steg wartet ein Helfer, der sich meiner erbarmen will. Ich ziele. Auf den Steg, damit die Leine neben dem Mann landet. Bei viel Wind kann man übrigens zur Beschwerung noch einen schwereren Knoten wie die Affenfaust oder zur Not eine mit Reis gefüllte Socke einbinden. Spätestens das will dann keiner ins Gesicht oder an andere edle

Körperteile bekommen. Ich versuche, dem Mann mein Vorhaben mit Handzeichen klarzumachen. Er springt trotzdem in das heranfliegende Bündel. Autsch. 30 Meter Tauwerk können schmerzhaft sein, glücklicherweise habe ich gerade nichts drangehängt. Dänen-Tränen lügen nicht. Unskyld! Entschuldigung!!
Ein anderer Däne hingegen freut sich riesig über meine Ankunft. Hafenmeister Leo kommt mit Rauschebart und einem Herz aus Gold über den Steg geschlendert und schenkt mir eine Hafenmarke. Er strahlt mich an: »Ssssvenja! Sssschön, dich zu sehen!« Am Abend feiern wir in der Burger-Bude unser Wiedersehen und verabreden uns anderntags zum Segeln.

Mit Leo umherzuschippern, der in Søby bekannt ist wie ein bunter Hund, reicht schon für verwunderte Blicke. Komm unter Segeln mit dem Chef auf dem Vorschiff in den Hafen gefahren, und du bist Steggespräch. Leo hat mir gut zugeredet. Søby ist der perfekte Hafen, um das Anlegen unter Segeln zu üben. Es gibt viel Platz, im Fischereibecken sowieso, aber auch in der Marina, wo die Längsseitsstege sind. Ich gehe trotzdem auf Nummer sicher. Gehe schon im Abbieger zur Marina zügig in den Wind, lasse das Segel fallen und steuere mit Restfahrt wieder auf Kurs. Die Genua ist bereits weggerollt. Innerlich geht mir der Stift, als wir so in den Hafen gleiten. Jetzt schön cool bleiben ... ah nee, doch lieber den Motor zuschalten. Ich Schisser.
Fast unter Segeln anzulegen, reicht allemal für dieses Rampensau-Gefühl. Genial. Ich will mehr. Morgen lege ich unter Segeln ab! »Und Sie segeln sonst wirklich ALLEINE?«, fragt mich mein Stegnachbar. »Ja«, antworte ich, weil mir nichts Geistreicheres einfällt. Was soll ich da sagen? Dass da unten im Vorschiff sechs Rudersklaven sitzen, die nur nach Einbruch der Dunkelheit Ausgang haben?
Ich kann nur jedem raten, es auch mal allein zu versuchen. Nicht wegen des Adrenalins oder des Seehelden-Feelings, das sich unweigerlich irgendwann Bahn bricht – in der Regel spätestens nach dem Sundowner. (Nach dem zweiten Sundowner stehe ich übrigens auf einer Stufe mit Kolumbus. Mindestens. Dafür komme ich aber auch die zwei Stufen des Niedergangs nicht mehr heil runter.) Einhandsegeln

schult prima. Das Gefühl für das Boot. Die eigenen Grenzen. Allein diese drei Tage, die ich nach dem Familienurlaub einhand unterwegs bin, machen mich wieder um einiges sicherer.
Crewführung hingegen lernt man nicht allein. Das führt mir der kurze Schlag mit Leo vor Augen. Wechselnde Besatzungen an Bord zeigen das wunderbar deutlich. Fast wie aus dem Schulbuch. Thema: Defizite im Zwischenmenschlichen. Leo und ich verhaspeln uns beim Ablegen mit den Leinen. Weil ich unterstelle, dass er als Segler weiß, was ich vorhabe. Die falsche Leine geht zuerst los, und ich muss holterdiepolter das Boot wieder unter Kontrolle bekommen. Selbst schuld! Umgekehrt hätte ich mich ohne ihn nicht unter Segeln in den Hafen gewagt. Familienintern segeln wir eher antiautoritär. Im besten Fall verstehen wir uns blind. Im schlechteren Fall macht jeder, was er will. Crewführung. Ich ahne, dass wir da während der kommenden Saison noch an uns arbeiten können!

Diese Ahnung bestätigt sich während der Überführung von Dänemark ins Hamburger Winterlager. Marc hat keine Zeit. Mein Bekannter Wolfgang springt für ihn ein. »Was? Du bist noch nie durch eine Schleuse gefahren oder in Tidengewässern gesegelt?«, echot er entgeistert, als wir uns gegen den Südostwind aus der Flensburger Förde herausarbeiten und ich das beiläufig erwähne. Macht nix. Er hat die entsprechende Segelerfahrung. Aber es wäre vorab durchaus eine relevante Information gewesen, gebe ich zu.

Zwei Tage später haben wir beide dazugelernt. Ich in puncto Trimm – wir zupfen und ziehen wie die Weltmeister. Wir analysieren die auftretenden Kräfte, kritzeln im laufenden Betrieb sogar Kraftdiagramme. Als sich darüber die Seekrankheit anschleicht, lassen wir die Malerei sein. Nicht aber das Zupfen, und so kitzeln wir immer noch ein paar Knoten-Bruchteile aus dem Boot heraus. Es ist ein Spiel mit dem scheinbaren Wind. Noch ein Stückchen höher ran, noch ein Stückchen schneller. »Speed durch Geschwindigkeit« nennt Wolfgang das. Gut. Man kann es auch übertreiben mit dem Trimm. Auf halber Strecke zwischen Flensburger Förde

und Schlei reißt uns die Genua. Ich hatte da stille Bedenken das Material betreffend. Crewführung heißt auch, diese rechtzeitig auszusprechen.
Wolfgang hingegen lernt, dass unser Boot Geschwindigkeit braucht, um manövrierfähig zu bleiben. »Du bist ganz schön flott unterwegs«, kommentiert er in der Schleuse meinen Durchmarsch durch das Schraubenwasser eines Berufsschiffes. Das soll er mal Marc erzählen. Der beschwert sich immer, dass ich zu langsam bin. Wolfgangs Boot hat Bugstrahlruder, die solche Manöverarbeit erledigen.

Mitte Oktober dann steht HOBO ZWO hoch und trocken im Winterlager. Das war wieder eine ganz schön ausgekochte Saison. Geht das jetzt so weiter? Alle zwei Jahre sechs Wochen zur See? Und was kommt als Nächstes? Ich habe da so Visionen. Ostseerunde ... Marc meint immer noch, ich solle mit meinen Visionen mal zum Arzt gehen.
Ich war da. Kein Befund.
Mein Arzt ist begeisterter Segler.

DANKE!

MEINER FAMILIE SOWIE ALLEN BETEILIGTEN ZU LANDE UND ZU WASSER.

MARC, JANNE, TIM, HEIDRUN, DIETER UND SVEN

DEM »HEILIGEN HARTMUT« († 2005)

ANKE UND WERNER

WIEBKE UND OLAF

KAREN

MAVIS UND KEN

PETRA G.

STEFANIE

ANDREAS

THORSTEN UND SABINE

BERNI UND FINN

HINNERK

BIRGIT

PETRA S. UND STEFFEN

UWE

SUSI, WILLI UND EMMA

LEO

JÖRG

DEM SEGELNDEN ALTROCKER AUS FAABORG

DEM EHEPAAR AUS SCHILKSEE

DEM KAPITÄN DER MS HELGE

DEN FISCHERN VON STRYNØ UND RISTINGE

DER LAURA-MUNCK-BESATZUNG

DEN BEIDEN CREWS AUS ARNIS

RASMUS

... UND ALLEN, DIE ZUM GELINGEN MEINER REISE BEIGETRAGEN HABEN.

SIE IST NOCH LANGE NICHT VORBEI!

Bibliografische Information der Deutschen Nationalbibliothek
Die Deutsche Nationalbibliothek verzeichnet diese Publikation in der Deutschen Nationalbibliografie; detaillierte bibliografische Daten sind im Internet über http://dnb.dnb.de abrufbar.

1. Auflage
ISBN 978-3-667-11273-6

Lektorat: Birgit Radebold
Fotos: Svenja Neumann bis auf S. 15, 35, 43, 46/47, 51, 56/57, 61, 110, 200/201, 204: Marc Neumann; 74/75: Uwe Liehr; 150/151: Jörg Bockelmann
Einbandgestaltung und Layout: Felix Kempf, fx@fx68.de
Lithografie: Mohn Media, Gütersloh
Gesamtherstellung: Print Consult, München
Printed in Slovakia 2018

Delius Klasing Verlag, Siekerwall 21, D - 33602 Bielefeld
Tel.: 0521/559-0, Fax: 0521/559-115
E-Mail: info@delius-klasing.de
www.delius-klasing.de